イノベーションを実現する
起業家の育成法

─コンピテンシーと起業家教育─

河野　良治

目 次

第4章　イノベーションに向けた経営戦略—クラスターの継続性に注目して

第5章　イノベーションを実現する起業家人材育成

第6章　創造性を下支えする経験に関する考察

まえがき

　この本がここで何を伝えたいのか、その2点お知らせしたい。一つは、本文で十分に言及できなかった読者へのメッセージである。筆者は、経営学を学んでいたが、学部の必修科目の一つに心理学があった。この授業で、認知心理学の初歩に触れて、ヒトは必ずしもありのままに世界を認識しているのではないと知り、30年前に受た衝撃と興奮、その興奮から自分の脳がどのように機能しているのか、可能であれば自分の頭をのぞいてみたいと真剣に考えたことを今でも忘れられない。

　心理学が発展して分かってきたことの一つに、ヒトが自分にとってできないと期待されることは、それに大きな価値があるとしても、動機付けられないとの発見がある。これは、バンデュラ（Bandura）による自己効力感研究であり、20世紀最大の心理学研究の研究成果であると評価する人もいる。なぜヒトは、自分に価値あることであっても、自分にはできないことにやる気が出ないのであろうか？　筆者は、その原因を脳の構造に求めることができると考える（詳しくは2章を参照）。ヒトの脳は、高度な活動をしているため、その重量に比して非常に多くのエネルギーを消費している。そのため、ヒトは、無意識が課題解決に成功・失敗したのかに注目している。ヒトの脳は、脳での情報処理負担を下げるために、自分にとって実行可能なことのみを意識に上げて、無意識がそれ以外の雑多な情報を捨てている。筆者は、このようにヒトの脳を捉えた時、自己効力感研究が理解できた。ヒトの脳は、無意識が過去の記憶を参照して自分にとって実現できないことと判断すると、貴重な情報処理能力を無駄遣いしないよう

に、そのことを意識に上げない。その結果、意思決定の俎上にも上らず、選択されることも無く、動機付けられない。逆に、ある領域の課題を多く解決できたのなら、それ以降も解決できるであろうと予想し、その領域の自己効力感が向上して、大いに動機付けられてやる気になる。

　ただ、過度に結果へ集中すると、ヒトの脳は効率性を高めながら、無意識がその事象の背景を捨て去る弊害を生む。例えば、筆者は、幼い時に周囲の人達が「御膳立て」をしてくれたことをきっかけに、ある領域で高い自己効力感を持ったのかも知れない。高い効力感を持った若者は、課題解決に向けて周囲の支援があったことが自分の努力を意味あるものにしたと感謝しながら、自己効力感を高め、また自己効力感の高い領域を広げて欲しい。

　逆に、「仕方ない」とか「自分なんかには」という言葉がつい出てしまう人がいれば、失敗の背景を無意識が捨て去ってしまっていることを思い出して欲しい。特に、自己効力感の低い若者は、周囲の支援が足りなかった結果として無力感という過去の記憶の「檻」に閉じ込められているだけなのかも知れない。本当の君を知っている人は、まだ誰もいないのだ。人間は過去に規定される、過去は変えられないが、これまでよりも少し難しい適切な課題を解決する未来を経験して欲しい。適切な課題を設定し、君の習慣や環境の設定に適切なアドバイスをくれる良き指導者のもとで成功体験を繰り返し経験すれば、その分野で高い自己効力感を得ることができるだろう。まるで、RPGの勇者のように、スタート時には最も弱い敵を数匹倒す毎に休息をとる必要があったとしても、後に小ボスを倒すよう成長し、中ボス、ラスボスを倒せるまでに成長するだろう。

　多くの起業家は、このようにキャリアを発展させてきた。彼等は、高い能力の発揮の原因を自分の才能に求めない、むしろ「運が良かった」と自らを評価する。能力の発揮について生得的な部分を否定するものではないが、本論に収載された調査結果は、起業家的経営人材において後天的に身につけた価値観やこれを形成する経験が大きな影響を与えていることを裏付けている。ぜひ、読者の目で、本論の調査結果（6章参照）を確認し、自信を持って新規性や曖昧性の高

い課題にも自信を持って対応できる人材になって欲しいし、そうした人材を育成して欲しい。そのためのヒントをこの本は提供している。

　もう一つは、本論の経営学における位置づけである。テイラー（Taylor）は、工場の生産現場に着目して、当時の労働者が十分に能力を発揮しないよう動機付けられていることを発見し、これを改善する科学的管理法を考案した。科学的管理法による工場の現場管理は、不十分であったかも知れないが大いに効率を高め、経営学の父と呼ばれるようになった。その後、科学的管理法について問題点も指摘された。当時著名な企業経営者であったバーナード（Barnard）は、科学的管理法と人間関係論の知見から現代的な経営学の基礎を築いた。バーナード（Barnard）は、生産現場での管理やそこでの労働者の管理を、一旦棚上げにさせた画期的な研究と意味付けることができる。こうした研究の上で、サイモン（Simon）は、意思決定へと研究の焦点を移して、経営学を学問として確固たる地位に押し上げた。

　こうした中で、筆者は、二つの観点からこの本がサイモン（Simon）の意思決定研究の先に位置づけられものであると考える。

　第一に、この本は、上述の通り意思決定の前提となる心理的な現象（自己効力感）やその原因としてのヒトの脳に注目している点である。サイモン（Simon）は、意思決定が、状況を調べて情報を整理する「情報収集」、選択肢を作る「設計」、選択肢の中から選ぶ「選択」と大きく3つの段階からなるとしている。しかし、経営学の隣接分野である心理学や脳科学の発展によって自己効力感や認知バイアスが発見され、意思決定過程に無意識が非常に大きな影響を与えていることを明らかにした。無意識は、我々のアイデンティティを規定する記憶を捏造することさえもあるとの報告があるほど、無意識が意思決定の過程に与える影響は大きい。しかも、錯視を経験した時に感じられる違和感は稀であるよう、脳は「現実」を上手に統合しているため、無意識が与える影響を我々は容易に感知することができないのである。

　第二に、この本は、起業家における意思決定という非常に不確実性の高い経

営における現象に着目している。例えば企業戦略に関する意思決定は、一般的に顧客または経営資源に着目して行われる。起業家の特徴は、事業機会を見出すことであるが、必ずしも商品だけでなく顧客すら確定されていないし、それ故戦略的に重要な資源も確定できない。自己効力感に注目すれば、事業機会の発見に動員可能な資源や市場の情報に応じて、起業家の意識に上る事業機会に関して設計される選択肢が変化する。また、起業家のキャリアが発展したり、検討に参加するパートナーシップが変化したりすると、事業機会に関して設計される選択肢すら変化する。こうした課題においては、意思決定よりも、意思決定に関わる人材の認知が重要な意味を持つ。起業家的な経営人材の認知は、意思決定に注目した経営学の次の重要な研究課題になりうると考えられる。

第1章

序 論

1.1 研究の背景

　経営学は、20世紀初頭にテイラー（Taylor）の科学的管理法から始まった。それまでの大規模な組織は、軍隊や宗教組織でしかなかったが、この時代から大規模な企業組織が出現した。軍隊や宗教組織は、時に強制力によって個人よりも組織を優先させることができる。だが、市民社会においては大規模化した企業であっても、現実的に企業は個人よりも優越的な地位にあるかも知れないが、契約においては企業と個人は対等である。かつて大規模組織の典型であった軍隊や宗教組織のように、強制力をもって組織を個人よりも優先させることはできない。しかも、大規模化した企業は、まさに現代を代表する存在であり、我々の生活を規定する重要な要因の一つとなった。「経営学」は、企業をどのように維持・発展するかという課題に対する論理としてこの時代にその重要性を高めていったのだと考えられる。

　経営史研究において著名なChandler（1990）は、19世紀末から20世紀初めに出現した米・英・独の技術的に高度で資本集約的産業200社について調査している。この調査から、これらの企業は、共通して「規模の経済」、「範囲の経済」、「取引費用」から得られるコスト優位性から、世界規模の巨大企業にまで成長してきたことを示している。21世紀の現在、多くの企業が地球規模にまで成長すると、それ以上には容易に成長できなくなってきている。こうした環境に直面し、これまでと異なる商品を提供することが重要となる。例えば、商品がこれまでにないUXを顧客に提供する「商品の差別化」の重要性が高まっている。ただ単に、差別化されていることだけが重要なのではなく、今日の企業においては効率性も同時に求められていると考えられる。

　このように、これまでの企業において、大規模化戦略は多くの企業に採用され、有効に機能し、支配的な戦略となっていた。すなわち、組織の大規模化戦略があり、これに基づいて企業が大規模化しようとした。そこで、その理由を明らかにするために、チャンドラー（Chandler）が重視した従来の経済学におけるキー概念である「規模の経済性」、「範囲の経済性」、「取引費用」について調査する。

　まず、経験曲線効果も含めた「規模の経済性」とは、規模が大きくなると、製造原価が小さくなる傾向である。何故「規模の経済性」が機能するのかその理由を、固定費と変動費から分析する。固定費を生産量に関わらず発生する費用、変動費を生産量の変化によって変動する費用、固定費と変動費の合計が製造原価であると定義する。固定費は中核的な人材の人件費や生産に必要な設備に関する費用であり、変動費は商品の構成部品やパートタイマーの人件費等に相当する。例えば、ある商品を作るために固定費として1億円の機械が必要であり、変動費として商品を1個作るために部品代と追加的な人件費の合計100万円が必要だとする。その機械が他の商品の生産に貢献しないなら、その商品を1個生産する製造原価は、固定費の1億円に変動費の100万円を加えたものとなる。生産量を増やしていくと、例えば100個の商品を生産するならば、製造原価は200万円にまで逓減する。「規模の経済性」が有効に機能する産業においては、商品の生産量を増やせば、より低い製造原価で生産することができる。そのため、「規模の経済性」は、企業が自身の規模を拡大しようとするインセンティブになると考えられる。

　次に、「規模の経済性」に似た概念として、「範囲の経済性」がある。ある商品を生産・販売している場合、既存の商品に関連した新規の商品を加えることは、より効率的に生産・販売できる可能性がある。例えば、既存の商品を製造するために、準備した施設を新規の商品に流用できれば、設備の稼働率が高まるだけで、新たな追加的な設備を準備する必要はない。また、追加的に自社の販売チャネルに新規の商品を加えることは、新規商品のために別の販売チャネルを準備するよりも効率的である。未活用資源をより有効に活用しようとする「範囲の経済性」という視点からも、企業が自身の規模を拡大しようとするインセンティブが存在する。つまり、「規模の経済性」、「範囲の経済性」は、企業において既存の資源をより効率的に活用することによって生じる相乗効果であると考えられる。

　最後に、「取引費用」について考える。この観点からも企業は、流通に係る費用を低減するために自身の規模を拡大しようとするインセンティブが生じる。Williamson（1975）やCoase（1988）は、現実的な取引には、商品の代金だ

けではなく、取引に関わる費用が求められると指摘する。何故なら、買い手は、完全情報を期待することができないためである。買い手は、ニーズを満たすためにどの商品を買うべきか情報を収集して、意思決定しなければならず、そのためにコストが発生する。例えば、売り手は、買い手よりも商品について良く知っており、情報量が多いと仮定できる（情報の非対称性）。そのため、売り手は、買い手に価値の低い商品を高く売りつけようとするリスクが常に存在する。また、取引は、市場だけでなく企業グループを含めて組織内でも行われていると考えられる。こうした状況で、買い手は、「取引費用」を削減しようとすると、企業が自身の規模を拡大するインセンティブが生じる。売り手が品質の低い商品を高い値段で販売しようとする可能性がある場合、買い手は、市場を通した外部取引よりも組織内取引を選好する。何故なら、利害を共有する組織内の取引においては、売り手を買い手が欺くインセンティブが生じ難い。そのため、買い手は、取引を内部化して情報の非対称性から生じるリスクを低減するために、企業規模を拡大するインセンティブが生じると考えられる。

　以上に述べた三点について考察をまとめる。他社との競争を想定した場合、同じ品質の商品を他社より低い価格で生産できることは、競争上非常に有利であると考えられる。何故なら、競合他社と同程度の値段で販売して競合他社より大きな利益を得ることもできるし、競合他社よりも安い値段で販売すれば追加的な費用無しにより大きな市場占有率を得ることができるからである。前述した通り、「規模の経済性」、「範囲の経済性」、「取引費用」の観点からは、企業の規模を競合他社より早く拡大していくと、より低い価格での生産が可能となる。

他社よりも低価格で商品を生産できる→より多く市場を占有することができ→大規模化することでより低い価格で生産を行うことができる→より多く市場を占有できる→

という好循環が予想できる。結果として、コスト優位性を得るために、企業は世界的な規模にまで大規模化してきた。

　しかし、今日の大企業においては、世界的な規模にまで企業が成長すると、「規模の生産性」や「取引費用」に注目したコスト優位性に限界が見られるよう

になる。本論文は、この点を明らかにすることを目指している。

　具体的には、「規模の経済性」でも、初期には生産量の増大が単位当たりの固定費を大きく減少させていくが、生産を継続すればいずれは0に漸近してその効果は非常に小さいものとなり、大きな差別化要因ではなくなることが予測できる。Abernathy & Wayne（1974）は、世界で初めて自動車の大衆化に成功したフォード社のT型車の事例を紹介している。この事例では、量産が開始された初期の数年間は価格低下の効果が非常に大きかったが、その後効果が逓減していることを示している。つまり、「規模の経済」、「範囲の経済」そして「取引費用」を追求するために組織を大規模化しても、いずれ低価格を実現する能力を他社との競争優位にすることはできなくなると考えられる。何故ならば、「取引費用」に基づく費用低減が大きな効果を持つ事業分野があれば、その事業分野に参加する企業はすべて取引費用削減に取組むことが予想される。結果として、取引費用削減競争となり、取引費用を削減できない企業は、市場から退出せざるを得ない。世界規模で、最もコストの低い企業のみが生き残ることになるが、激しい競争の後に残されたその市場は果たして収益性豊かな市場なのであろうか、との疑問が残る。

　さて、一般的に、企業活動は、小さな地域に限られた活動から大きな地域へと拡大していった。商品も同様に、地域の商品は、国を代表とする商品となり、経済がグローバル化して世界的な商品へと成長していく。しかし一方で、世界規模にまで成長すると大規模化した企業は、容易に成長することが難しくなったと考えられる。したがって、こうした状況において、これまで有効であったコスト優位性を追求する戦略からの転換が求められる。すなわち、今日において、大きい企業が良いのではない。かつて良い企業であったから大きくなったのであり、今後も良い企業であることを保証するものではないからである。少なくとも、大規模化を支えた効率性の追求だけで経営（学）が十分なのではない。効率的に商品が生産できなかった状況だからこそ効率性の追求が大きな意味を持ったのであり、今日の経営（学）においては効率性の高さとともに、これまでよりも質の高いUXを提供する商品の差別化が重要となる。多くの地球規模企業が出現し、激しい競争が行われる今日では、効率的に商品が生産でき

ることが競争に参加するための必要条件であり、効率性の追求だけで競争優位性の十分条件にはならない。ここに本論文の問題意識の原点がある。すなわち、今日の経営において、従来的な効率性を追求する経営から、起業家的に商品の差別化に対応する経営へと転換することが求められているのである。例えば、ある商品が顧客にこれまでの一般的な商品と異なると認識されれば、企業は従来よりも高い価格で商品を販売することができる。さらに、企業の社会における重要性に鑑みて、こうした経営への転換は、現代日本の社会的問題の解決にもつながると考える。

　以上が本研究の背景である。

1.2　研究の目的

　現代の多くの企業は、グローバルな厳しい競争に直面している。本論文は、そうした環境において、企業がさらに成長していくための方法論について検討する。このためには、他企業を凌駕できる商品を生み出す創造性豊かな差別化戦略が必要である。本論文は、この方向性から、差別化された商品を実現できる経営人材の育成方法について研究することを目的とする。

　この観点から、まず、近代経営学の父と呼ばれるバーナード（Barnard）について、調査考察する。

　バーナード（Barnard）は、実務家の経験を基に近代経営学の基礎的な構造を示した。Barnard（1968）は、組織を「意識的に調整された2人またはそれ以上の人々の協働の体系」と定義し、経営者とは「組織の能率」と「組織の有効性」を高めることによって組織を維持していると述べている。「組織の能率」とは、組織にとって必要な労働者の貢献意欲をいかに効率的に引き出すのかという視点である。筆者は、企業の維持・発展に最も重要な利害関係者である従業員にとっての環境を整え、従業員の行動を引き出すことが経営者の重要な役割であると考える。Barnardが指摘する「組織の有効性」は、組織が達成しようとしている方向性が組織の維持・発展に適しているか、という視点である。前

述したChandler（1990）によれば、20世紀の中頃まで規模の経済性を求めて組織を大規模化する戦略が支配的であった。この時期に、高い「組織の有効性」を維持する経営者とは、競合他社よりも急速に成長して大規模化してコスト優位性を獲得する企業戦略を策定し、この戦略を効率的に実施した経営者であった。しかし、現代の企業には効率的に企業を大規模化するだけでなく、商品の差別化が求められている。つまり、経営者は、維持・発展のために企業を変化させていく役割が求められ、環境変化に対応してこれまでの商品を変えていく必要がある。そして、この商品を差別化するためには、新たな生産資源の組み合わせを構築し、技術革新にとどまらないイノベーションが求められることとなる。このイノベーションの担い手が起業家である。言い換えると、優れた経営者には起業家としての側面が求められていると考えられる。

　加えて、このイノベーションは、近年では商品そのものの差別化に止まらない。十川（2009）は、イノベーションを製品差別化の源泉と捉え、主に技術的成果としてのイノベーションを狭義のイノベーション、企業活動に位置付けられたイノベーションを広義のイノベーションと捉えている。現実の経営において、顧客に新たなUXを提供するため差別化された商品につながるイノベーションが求められていることは前述のとおりである。しかし、一方で、消費者へ差別化された商品を効率的に届けるため事業プロセスとしてのイノベーションも求められている。特に現代では、消費者が購買の主導権を握っている。それ故に、起業家が消費者ニーズにイノベーションを位置づけることは、イノベーションが普及していくために不可欠であるといえる。加えて、多くの顧客が求める優れたUXを提供する差別化された商品であっても、非常に高価であれば容易には社会的に普及しない。イノベーティブに差別化された商品であっても、効率的なビジネスモデルに位置付けられる必要があると考えられるからである。

　以上、本論文の研究目的として前述したように、今日の経営者は、商品の差別化という経営課題に対応しなければならず、効率的に差別化された商品を生み出していくことが求められている。そして、本論文は、これにどのように対応するべきかを明らかにする。そのためにPorter（1980）が特定の顧客に注目する「集中戦略」、「コスト優位性を追求する戦略」と「商品の差別化戦略」の3

つを基本戦略として示していることに、筆者は注目した。

　これを分析すると、「コスト優位性を追求する戦略」は、「規模の経済性」や「範囲の経済性」そして「取引費用」から分析できるが、「商品の差別化戦略」をどのように実施するべきかについては十分に解明されてはいないと考える。本論文では、製品差別化の背後にあるイノベーションを解明し、これを担う起業家的人材像を明らかにし、彼らをどのように育成するべきかを検討し、明らかにすることを目指す。

　さらに、かつての経営では、コスト優位性を高めるために競合他社よりも組織規模を大きくしていくことが支配的な経営の目的であった。そして、この目的を達成するために効率性を追求してきた。しかし、今日では、これまでのように組織が大規模であることは、必ずしも有利には繋がらない。組織の大規模化は、時として「大企業病」と言われる組織・経営の機能不全を引き起こす（Peters & Waterman1982）。加えて、Christensen（1997）は、大企業に成長した優良企業は、資本効率を高めるために現有する収益性の高い事業に経営資源を集中するからこそ次のイノベーションの機会を見誤ると報告し、この現象を「イノベーションのジレンマ」と名付け、合理的な経営を行うが故に発生する問題を指摘している。

　次に、従来の研究から、商品を差別化する戦略に対応するためには、組織の大規模化のような単純な正解は無いと考えられる。それは、商品を差別化する戦略を実施するためには、多くの代替案があり、それらのコストと成果を単純に比較することは容易でないからである。

　そこで筆者は、「経営（学）」が発展する過程で企業の大規模化が有効に機能したが故に、現在の組織では保有している資源を有効に活用し、効率的に大規模化することだけが「経営（学）」だという認知バイアスが定着してしまったのではないかと危惧する。企業が変化して労働者の構成自体が変化しているだけでなく、技術や市場、労働者の意識もが変化している現代には、有効な戦略が変化し、適切な「経営（学）」が求められている。過去の「経営（学）」に適した認知バイアスを打ち破り、現代に適した起業家的な経営を実践する必要があると考える。

　本論文で目指す差別化戦略には、これまでに取引経験が無くてどのような
ニーズを持っているかも分からない顧客に対しても、商品を提供することが求
められる。何かの「知識や技能があるからできる」という効率性を重視した経
営マインドであれば、起業家的にこれから実現する市場を育てていくことは難
しい。この点に注目し、未だ実現していない事業を下支えする事実について、
仮説検証的に確認しながら、確認できた事実に基づいてより良い事業を構想・
実現していく起業家的な経営が求められていると考える。もし、経営者が、こう
した起業家的な経営とこれを支える経営マインドを備えていなければ、既知の
情報に制約された経営を余儀なくされ、創造性に乏しい経営に終止せざるをえ
ないからである。また、Fleming（2004）は、参加する人材の多様性が高まる
と、平均するとイノベーションの質が落ちるが、著しく価値の高いイノベーショ
ンが生まれる可能性が高まると指摘する。そのため、経営者だけでなく、イノ
ベーションを生み出す過程に人材の多様性を高めるべく従業員を参加させるこ
とは、有益である。しかし一方で、経営者が起業家的な経営を支えるマインド
を備えていなければ、ボトムアップ的な従業員による起業家的活動を商品の差
別化に意味付けることもできない。ここに、創造性を生み出す起業家人材育成
の重要性がある。

　以上に述べたように、本論文では、創造性に大きな影響を与える認知バイア
スを管理できる可能性を指摘し、効率を追求するだけの経営から、組織が維
持・発展していくために、経営者の経営マインドを起業家的なものに変えなけ
ればならないと主張する。それは、人間がマインドを含めた認知バイアスから
知覚、記憶、意思決定へ大きな影響を受けているにも関わらず、多くの人は、認
知バイアスが形成される過程を意識しておらず、結果として単に認知バイアス
に制約された存在でしかないからである。コンピュータにプログラムをインス
トールするように、自由に認知バイアスを管理することは出来ないし、またそう
するべきではない。しかし、より望ましい自分になるために認知バイアスから
影響を受けているならば、これに適切に働きかけることでより望ましい自分にな
れる可能性がある。本人の望みに応じて高い生産性を発揮できる人材になれ
るのだとすれば、働く人のメンタルヘルス問題の解決や働き方改革の実現に貢

献し、現代日本の大きな社会的問題を解決することができるのではないかと考える。この認知バイアスを適切に管理推進することが、豊かな創造性を持つ経営人材の育成に繋がると考えられる。

以上に述べた方向性が、創造性を生み出す起業家育成に関する本研究の目的である。

1.3 論文の概要

本論文は、全体として7章から成り立っている。

本論文の序論では、研究の基本となる現状の認識と研究視点を確認した。この視点から、経営史の代表的研究者であるChandler（1990）の文献に注目した。この結果、20世紀半ばまでの企業は、「規模の経済性」と「範囲の経済性」等から得られるコスト優位性を求めて、その規模を拡大してきたことが分かった。つまり、他社よりも企業規模が大きくなると、他社よりも大きなコスト優位性が得られると考えられるからである。こうした関係が有効に機能した結果、現代の企業は、地球規模にまで成長した。しかし、地球規模にまで企業規模を成長させた大企業は、これ以上成長することが難しくなり、前述のようにコスト優位を追求する戦略だけでは不十分となった。したがって、現代の企業における企業成長には商品を差別化する戦略が相対的な重要性を増していることが確認できた。

2章では、有効に商品を差別化する戦略を策定・実施するために求められる創造的な経営の重要性について検討した。これまで動機付けの研究者として知られるデシ（Deci）等は、人間が自分の利益に注目すると創造性を制約すると指摘している。その理由について意思決定を司る脳の構造についての考察から、利他的行動が創造的な経営につながる可能性を指摘した。この仮説について、本論では事例研究を行い、利己から転換し、利他的な経営思想による創造的な経営を実践し、これが実現すると、結果として好業績に繋がるとの実証的な知見を得た。

　3章では、差別化戦略に基づいて、現実的にどのように差別化された製品を生み出しているのか調査する。このために、自動車産業を構築したアメリカ、これをベースに発展した日本と韓国を取り上げた。まず、日本を代表するトヨタ自動車、次に、アメリカを代表する3社の自動車メーカー、さらに韓国を代表する現代自動車の製品開発を比較研究した。トヨタ自動車は、販売チャネルを維持するため効率的に感性工学的に差別化された自動車を多く開発できる体制を形成していた。アメリカの自動車会社は、世界戦略に基づいてモジュール化を進め、効率的な製品開発・製造部品の供給プロセスにおいて他社と差別化する戦略に取り組んでいた。韓国現代自動車は、部品メーカーの脆弱性を克服すべく、取引関係を固定化することで系列部品メーカーの育成に取り組んでいた。本比較研究から、戦略は競争上の強みを生かすポジションだけではなく、企業が持つ資源によって適切な経営戦略が必要であるとの知見が得られた。

　4章は、イノベーション概念に注目した。すなわち、これは本論文で主張した差別化戦略について、顧客により良いUXを提供するなどの商品を差別化する戦略を実施する方法として取り上げたものである。これを実現する方法としてイノベーションが考えられる。シュンペーター（Schumpeter）は、イノベーションを生産手段の新結合と定義して、技術革新を含めたより広い概念として捉えている。

　5章では、イノベーションを担う起業家の資質や特性に着目した。そして彼らに共通する起業家のコンピテンシーに注目し、この重要性について検討した。一般に、コンピテンシーとは、他に真似のできない核となる力とされているが、本文では高い業績を上げる人材が備える特性と捉えた。特に、「知識」や「技能」とこれらを下支えする「価値観」や「自己モデル」との対応関係を重視した。さらに、起業家としてのコンピテンシーには、起業家の心的特性と変革を起こすリーダーシップの特性の組み合わせが求められることも明らかになった。こうした理論研究から、本論ではコンピテンシーを獲得することが経営者の資質として求められる、と考えた。そこで有効性を検証するために理論的検討から導出された起業家教育プログラムを考案し、これを二つのグループに対して検証

した。その結果、教育の受け手の違い、具体的には教育を受ける機会の違いが、受講生の起業家教育カリキュラムに対する異なる評価が生じる、との結論が得られた。したがってコンピテンシーを高めるための教育は、できるだけ早く開始し、より多くの学習の機会が得られるように教育を実施するべきである、と教育カリキュラムの検証による知見を得た。

　6章は、イノベーションの担い手である起業家がどのような心理特性を持っているのか検討した。ただ、日本における起業家は数が少なく、その調査は容易ではない。この視点から、本論では起業家のキャリアに着目した実証研究を行った。多くの場合、起業家は地域や社会で教育を受け、仕事を経験した後に、経営者・起業家になっている。こうした事実に注目し、経営者・起業家は、職位が高まると、担うべき仕事の曖昧性と新規性の高さが高まると仮定できる。これらの調査結果により、曖昧性や新規性の高い仕事に対応できる人材は、有能観が高く、地域や教育において成功体験を経験し、その後も成功体験を繰り返している傾向が高いことが明らかになった。こうした傾向は、前章で検討したコンピテンシー研究と同様「知識」や「技能」を下支えする有能感や、効力感の高さが起業家には重要であることを示している。したがって、本章の結果としては、今日の起業家教育では、この有能感などを高めることが重要であるとの知見を得た。

　7章では、これまでの議論から、議論を整理し、結論を述べている。本論文におけるここまでの議論を総括し、今後の企業の競争戦略としては、商品を差別化する戦略がより重要になり、これを実現する戦略の実施が求められる。そのためには、起業家や経営幹部人材の教育が必要であり、その実施方法が重要である、と結論付けた。言い換えると、経営者のマインド、例えば利他的経営など多くの望ましい認知バイアスを提案することが、経営者の能力発揮の基盤構築に重要である、と結論付けている。

参考文献

・Abernathy, J.W. & Wayne, K. "Limits of the Learning Curve", *Harvard Business Review*, Sep.-Oct., 1974.
・Ansoff, H.I. *Corporate Strategy*, Harmondsworth: Penguin Books, 1965.

- Barnarad, C.I. *The functions of the executive*, Harvard University Press,1968.
- Barney, J.B. *Gaining and Sustaining Competitive Advantage*, Second Edition, New Jersey, Pearson Education Inc, 2002 (岡田正大訳『企業戦略論：競争優位の構築と持続上, 中, 下』ダイヤモンド社, 2003年).
- Baumol, W.J. *Business Behavior, Value and Growth*, Macmillan , 1959 (伊達邦春・小野俊夫訳『企業行動と経済成長』ダイヤモンド社, 1962年).
- Chandler, A.D. Jr. *Scale and Scope: The Dynamics of Industrial Capitalism*, Cambridge, Belknaress of Harvard University Press, 1990.
- Christensen, M.C. *The Innovator's Dilemma: When New Technologies Cause Great Firms to Fail*, McGraw-Hill, 1997.
- Coase, R.H, *The Firm, the Market, and the Law*, University of Chicago Press, 1988.
- Fleming, L. Perfecting Cross-Pollination, *Harvard Business Review*, Vol.82, Issue 9, Sep. 2004.
- Henderson, B. The Product Portfolio. The Boston Consulting Group, 1970.
- Kotter, J.P. & Heskett, J.L, *Corporate culture and performance*, Free Press, 1992.
- Marx, K.H. *Das Kapital: Kritik der politischen Oekonomie*, Otto Meissner, 1885 (向坂逸郎訳『資本論2』岩波文庫, 1969年).
- Mintzberg, H. *Mintzberg on Management: inside our strange world of organizations*, Free Press, 1989.
- Peters, T.J. & Waterman, R.H, *In search of excellence: Lessons from America's Best-Run Companies* HarperCollins Publishers, Inc., 1982.
- Teece, D.J., Pisano G., and Shuen A. "Dynamic Capabilities and Strategic Management," *Strategic Management Journal*, Vol.18, No.7, 1997.
- Wernerfelt, B. "A Resource-Based View of the Firm," *Strategic Management Journal*, Vol.5, No.2, 1984.
- Williamson, O.E, *Market and Hierarchies: Analysis and Antitrust Implications*, Free Press, 1975.
- 桑田耕太郎、松嶋登、髙橋勅徳『制度的企業家』ナカニシヤ出版, 2015年.
- 十川廣國『マネジメント・イノベーション』中央経済社, 2009年.

第2章

イノベーションを実現する
創造的経営[1]

　本章では、有効に商品を差別化する戦略を策定・実施するために求められる創造的な経営について検討した。これまで動機付けの研究者として知られるDeci等は、人間が自分の利益に注目すると創造性を制約すると指摘している。その理由について意思決定を司る脳の構造についての考察から、利他的行動が創造的な経営につながる可能性を指摘した。この仮説について事例研究を行い、利己から転換し、利他的な経営の実践によって好業績に繋がるとの実証的な知見を得た。

[1] 本研究はJSPS科研費24530448の助成を受けたものです。
長野大学の先生方と信州大学の岩田一哲先生から貴重なご指摘をいただきました。
心より感謝いたします。

2.1　はじめに

　本章では、中小サービス企業の付加価値を高める論理を検討する。サービス企業の雇用は、日本全体の2/3以上あり、そのうち中小企業はその大半を占めている。したがって、日本企業の生産性を向上させるためには、技術革新に加え中小サービス企業の付加価値を高める必要がある。そこで、本章では、中小サービス企業の生産性や付加価値を向上させる経営のあり方を検討する。

　まず、筆者は、生産性を向上する論理を検討する前提として、誰のために経営を行うのかと問うことが不可欠であると考え、「利己的な経営」に対して「利他的な経営」を重視している。多くの小売店を育成してきた小阪裕司氏のコンサルティング手法は、潜在的ニーズを掘り起こすために、顧客に提供する価値を重視する「利他的な経営」がその基盤にある。潜在的ニーズは、顧客すら意識していないため、経営者が先験的に把握することは難しい。潜在的な顧客ニーズを顕在化するために、中小サービス企業の経営者は単に効率を追求しようとするのではなく、起業家のように仮説検証的に顧客との関係を構築せざるを得ないと考えられる。

　こうした経営は、気付きを含めた意思決定の質が決定的に重要な意味を持つ。筆者は、「利己的な経営」よりも「利他的な経営」においてより創造的意思決定が行われる理由がヒトの脳の構造にあるのではないかと考える。経営学だけでなく心理学でも、自身の利益に注目するよりも、利他的であることによってより高い創造性を発揮する可能性があると指摘されてきた。こうした現象は、ヒトの脳の機能や構造が大きな影響を与えているのか仮説として検討したい。議論を先取りするならば、ヒトの脳においては、信号の処理時間と消費されるエネルギーを効率化するため、脳の諸機能が偏在し、素早く対応できるよう並列的に信号を処理している。そして、ヒトの脳は、脳のそれぞれの部位が処理した結果のみを統合していると考えられる。なぜなら、ヒトの脳は、非常に多くの知覚信号を受け取っている。だが、その全てに意識を配ることはできないので、無意識下で意味付けられた情報のみが、我々の意識に上ってくる。結果として、我々が意識下で行われていると認識する意思決定でも、無意識から

の影響を受けている。こうした構造を持つヒトの脳は、自身の利益を重視すると利益に繋がる事象に意識を集中し、豊かな発想や創造性を阻害する傾向があると仮説的に考えられる。

　逆に、「利他的な経営」では、自己の利益に繋がる事象に執着しない。そのため、「利他的な経営」には、自身の利益に注目するよりも豊かな発想に基づいて、創造的な経営を実現できる可能性がある。本章では、まさに「利他的な経営」を実践する企業の事例を取り上げ、これを研究する意義を明らかにしたい。

2.2　現代の中小サービス企業の位置づけ

　まず、現代の中小企業とはどのような存在であるか確認してみよう。日本の事業所数の99％以上、就業者数の70％を中小企業が占めている。『昭和37年度年次経済報告書』では、中小企業と大企業の格差が指摘され、その格差の是正が求められた[2]。この中小企業と大企業の二重構造論において、近代化された大企業は、高度な設備投資を行っているために高い収益を上げ、高賃金で優秀な人材を集めていた。一方で、中小企業は、投資水準が低く、高度な設備を持たないため、収益性が低く、賃金が低いという格差が指摘された。第二次産業で見た場合、1950年代の中小企業では、資金調達面での大企業との格差が資本設備率の格差を生み、結果として付加価値生産性も賃金も大企業の半分程度でしかなかった（図2-1）。

　第二次産業における中小企業と大企業の格差は、中小企業向けの融資制度や経営の高度化を促す制度が整備され、是正されつつある。これによって、日本では中小企業が発展し、第二次産業を力強く支えた。その結果もあり、一部の自動車産業や電機産業の最終製品メーカーは、かつて世界最高水準と評価

---

[2] 経済企画庁編『昭和32年年次経済報告』
http://www5.cao.go.jp/keizai3/keizaiwp/wp-je57/wpje57-010402.html（検索日：2015/07/18）

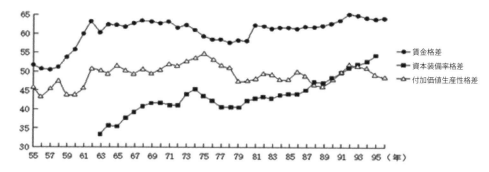

資料：通商産業省「工業統計表」
(注)　1.　賃金格差，付加価値生産性格差においては，従業者1人以上299人以下を中
　　　　　小企業，300人以上を大企業とした．
　　　2.　賃金装備率格差においては従業者10人以上299人以下を中小企業，300人以上
　　　　　を大企業とした．
　　　3.　資本装備率＝有形固定資産額／従業者数
　　　4.　大企業を100とした時の値．

図2-1　大企業と中小企業の二重構造

出所) 平成10年度「中小企業白書」より引用

された[3]。日本の二次産業において競争力の源泉を、大手最終製品メーカーの
みに求めることは適切ではない。Clark ＆ Fujimoto（1991）は、効率的な製
品開発のために日本自動車メーカーが部品メーカーの力を活用していることを
明らかにしている。日本と韓国の自動車産業に関する比較研究からも、韓国の
自動車産業では部品産業やこれを支える中小企業群がより脆弱であると指摘
されている（丸山他、2000）。良い中小企業群が、時に部品メーカーを支え、
時に良い部品メーカーとして大手最終製品メーカーを支えたのである。中小企
業は、トヨタ自動車やソニーといった第二次産業における優れた企業を、部品
の優秀さから下支えしてきたと言える。

　第二次産業では、製品を製造するための装置がその生産性を計るための一
つの尺度となった。また、製品の価値に、生産活動の各段階がどのように影響
を与えるのか、計測・分析する事ができる。「乾いた雑巾を絞る」とまで言われ

---

[3] 日本生産性本部編『日本の生産性動向2014年版』において、1990年・1995年と日本の第二次産業の
生産性は世界最高水準であると評価されている。しかし、2005年・2011年にはその国際的な地位を7
位まで下げている。詳しくは下記HPを参照されたい。
http://www.jpc-net.jp/annual_trend/annual_trend2013_3.pdf（検索日：2015/7/20）

るほど無駄を排除して、生産性を高めた第二次産業の優良企業は、生産性に貢献する本質を見極めていたと考えられる。第二次産業では生産性を高める論理が存在したが、第三次産業において、第二次産業と同様に価値分析をすることは必ずしも容易ではない。我々は、第三次産業において生産性を高める理論を持っていないのではないだろうか。

　図2-2は、総務省の国勢調査に基づく、第一次産業、第二次産業、第三次産業の就業者数構成比の推移を示している。1955年には40％を超える人が第一次産業に従事していたが、減少を続け、1985年では10％を下回っている。第一次産業の就業人口減少を第二次産業と第三次産業が吸収している様に見える。第二次産業は、1970年まで安定して成長して、その後比率を低下させている。就業者数では第二次産業よりも第三次産業が一貫して多いが、近年では第二次産業の就業人口が第三次産業の半分以下の水準となった。

　第三次産業は、「電気・ガス・熱供給・水道業」、「情報通信業」、「運輸業」、「卸売・小売業」、「金融・保険業」、「不動産業」、「飲食店・宿泊業」、「医療・福祉」、「教育・学習支援業」、「複合サービス事業」、「サービス業」からなる。本章で検討すべきサービス中小企業としては、平成20年度中小企業白書が指摘するとおり、大企業性の高い「電気・ガス・熱供給・水道業」、「金融・保険業」

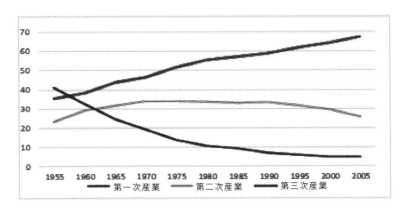

図2-2　産業分類別15歳以上就業者数の推移
出所）総務省統計局国勢調査より作成

及び「複合サービス事業」を除いたものが適切であろう[4]。第二次産業の雇用者数をみると2015年1月には全体の9％を下回る水準（991万人）であるが、卸売・小売業でもこれに匹敵する8％強（977万人）の雇用者がいる[5]。

　サービスの質が統計に表れないため単純に比較することはできないが、日本におけるサービス産業の生産性は国際的に低い。古いデータではあるが、サービスの生産性を日米で比較した経済産業省の『通商白書2013』によれば、日本全体の生産性は、米国を100とすると57.2であった。一般機械、輸送用機器、化学、金属等の第二次産業は、米国を上回るか同程度の生産性を示している[6]。一部の第二次産業が高い生産性を示す一方で、**図2-3**が示すとおり、卸・小売りは41.5、飲食・宿泊は26.5とサービス産業における生産性が著しく低い。この数字をそのまま受け取る事は適切ではないだろうが、第三次産業において価値を高める理論の必要性を示していると考えられる。

　これに関連して、かつての運輸業は、暗黒大陸とまで呼ばれ、その生産性向上は難しいと考えられた。しかし、ヤマト運輸や佐川急便では、荷物を追跡する事ができるよう1970年代から情報化に投資し、サービスドライバー／セールスドライバーとして顧客に接する人材の意識改革を成功させた。その結果、取扱高を高め、生産性を向上させている[7]。現実に、生産性を高める理論があれば、その生産性を高めることはできるのである。現在、日本の雇用の中心となっているのは第三次産業の企業であり、多くを中小企業が占めている。こうした認識に立つと、特に中小サービス企業の生産性を高める理論の構築は、重要な課題であると考えられる。

---

[4] 『平成20年中小企業白書』では、「電気・ガス・熱供給・水道業」における85.6％が大企業従業員であり、「金融・保険業」でも大企業の従業員が84.4％を占めていると述べられている。また、「複合サービス事業」は、郵便局及び協同組合で構成されると指摘されている。http://www.chusho.meti.go.jp/pamflet/hakusyo/h20/h20/html/k2210000.html（検索日：2015/10/17）

[5] 総務省統計局『労働力調査』2015年5月分より引用
http://www.stat.go.jp/data/roudou/sokuhou/tsuki/（検索日：2015/07/28）

[6] 経済産業省「労働生産性及びTFPの国際比較」『通商白書2013』より
http://www.meti.go.jp/report/tsuhaku2013/2013honbun/i1130000.html（検索日：2015/7/28）

[7] この点に興味を持った読者は、武田（2011）および舘澤（1999）を参照されたい。

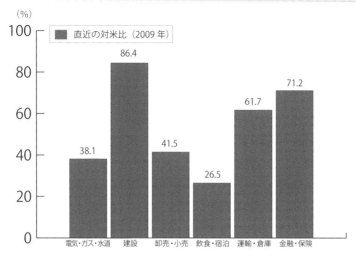

	直近の対米比（2009年）	ピーク時の対米比	直近とピーク時の差
電気・ガス・水道	38.1	51.5 (1985年)	-13.4
建設	84.4	84.4 (2009年)	0.0
卸売・小売	41.5	52.5 (1995年)	-11.0
飲食・宿泊	26.5	27.1 (1987年)	-0.6
運輸・倉庫	61.7	96.3 (1982年)	-34.6
金融・保険	71.2	98.0 (1995年)	-26.9

図2-3　第三次産業における労働生産性の日米比較

出所）経済産業省「労働生産性及びTFPの国際比較」『通商白書2013』より引用

2.3　中小サービス企業における経営者と起業家

　中小企業では、経営者が非常に重要な役割を果たしていることはよく知られている。一般的に、経営者の役割は、大別すると二つあると筆者は考える。一つは、企業をクローズドシステムと捉え、その効率性を高めることである。もう一つは、企業をオープンシステムとして捉え、いかに企業が環境変化に適応するかという点にある。企業は、単に環境に適応するのみならず、時に環境に働きかけて自社にとって有利な環境とし、自社の生き残りをより確かなものにしようとする。

　中小企業経営者は、これらの経営者の役割とともに、起業家としての行動も求められる。経営者に求められる起業家としての特性とはどのようなものであ

ろうか。起業家の心理特性研究に最も大きな影響を与えたのは、マクレランド（McClelland）である。McClelland（1961）は、起業家が高い達成動機を備えていることを示し、その後の起業家研究では起業家の心理特性を中心に研究が進められた。達成動機が高い人材は、業績向上に関わる刺激に高い関心を示し、学習と業績の向上に結びつくと考えられる。容易には為しえない成功体験は、有能感を伴って、達成動機によって内発的に動機づけられる。起業家の心理特性研究に対して、Gartner（1988）は、起業家の活動に注目するだけでは不十分であり、彼らの背景とともに起業家を把握しなければならないと指摘した。この指摘から、起業家を心理特性から明らかにしようとした研究潮流は、起業戦略や環境との関係に起業家研究の焦点が移った[8]。

　柳（2004）は、起業家らしさ（Entrepreneurship）が、ベンチャー企業のみならず、全ての組織を構成する人材に求められると述べている。本章では、ビジネスが成り立つ条件を仮説検証的に検討する事が、起業家らしさであると考えたい。我々の祖先は、新規性や曖昧性の高い環境で生きていくため、起業家のように様々な要件を仮説検証的に検討しながら暮らすことを余儀なくされた。社会が安定し、新規性や曖昧性の低い状況では、効率的に生きるために起業家らしさを失ったのかもしれない。Simon（1960）は、問題が生じるまで課題を「当然のこと」と放置しておき、課題が生じてから検討することが効率的であるとしている。安定した環境でこれまでのビジネスモデルを展開するならばこれで良いのであろう。しかし、これまでには無い製品やサービス・ビジネスモデルを急速に展開しようとする起業家は、その分高いリスクを負う。連続して起業を成功させた起業家として名高いBlank ＆ Dorf（2012）は、起業家が「顧客発見」と「顧客実証」を繰り返す「顧客開発」によってビジネスモデルの前提条件を十分に確認し、その後に投資をともなうビジネス拡大を進めるべきだと自らの経験から述べている。Sarasvathy（2008）は、以下の2点に熟達した起業家の特徴が見られると指摘する。第一に、連続性の高い事象に対しては予測をし、非連続性が高い事象に対しては仮説検証的に思考し、両者の思考を

---

[8] こうした研究潮流の代表的な研究としては、Aldrich（1999）がある。

有効に組み合わせている。第二に、顧客が何を求めているのか深いレベルで理解している。熟達した起業家は、ビジネスの前提条件について仮説検証的に検討を行い、リスクを低減せずに大きな投資をすることはない。Schlesinger（2013）も、起業家が初めから新たなビジネスに対して高い自信を持っているわけではなく、ビジネスについての仮説検証が進むにつれて自信が高まると指摘する。熟達した起業家は、仮説検証的に事業リスクを減らしているのである[9]。

　現代の環境変化は、とても大きく、起業家らしく仮説検証的に経営を行わざるを得ない。では実際に、優れた中小サービス企業では、どのように経営が行われているのであろうか。多くの繁盛店を育て、中小サービス企業の育成に関して優れたコンサルタントである小阪裕司氏の論を次節で検討する。

2.4　小阪理論から考える　サービス企業の生産性向上

　経営は、組織構成員間の調整が必要なため、何らかの経営目的が求められる。自己の利益を追求することは、一般的な経営目的であり、最も多くの人が認める価値観であろう。アングロアメリカを中心に発展した近代経営（学）においては、自身の利益を追求することがその中心にあると考えられる。しかし、実務家や地域における経営に目を向けると、密接な関係性が重視されたためか、「利他的な経営」も見られる。「三方良し」という言葉があるように、他者の利益を重視する経営を見ることができる。「利他的な経営」は、「情けは人のためならず」という言葉のように、他者に貢献することで自らの存続をより確かにすることだと考えられる。こうした「利他的な経営」は、古い時代だけのものでは

---

[9] 仮説検証的に経営を実践しえる人材と、そうでない人材ではどのようにキャリアにおける違いが見られるのだろうか。金井（2002）は、戦略や経営を担うなど、よいキャリア形成をした人材は過去に共通して難しい課題に挑戦する「一皮むける経験」が共通して見られると報告している。河野（2012）は、異なる職位の人材を比較して、経営者等新規性と曖昧性の高い仕事を担える人材の特徴を示し、「一皮むける経験」の具体的内容を明らかにしている。経営を担える人材は、そのキャリアの中で難しい課題を達成するために環境や習慣を再設定し、目標を達成する経験を他の職位より多く体験している事を示した。こうした経験が、人材の有能感を高め、難しい課題に取り組む自己効力感を高めていると考えられる。

23

ない。森川（2015）は、IT企業の経営経験から「利他的な経営」について、時に自己犠牲を伴う、人が求める事や困り事への貢献であると指摘する。また、1980年代に見られた優れた日本自動車メーカーにおける製品開発にも、「利他的な経営」が見られた。商品の本質は、商品が顧客に提供する価値や経験にある（藤本2003）。その上で、顧客は、単に製品性能が高いだけの自動車には満足せず、「外部統合における首尾一貫性」の高い製品を求めている。顧客は、自動車を保有すること、自動車を運転することで様々な知覚情報を受け取る。「外部統合における首尾一貫性」の高い製品は、製品から明確なメッセージ（高級感やスポーティーさ等）を顧客が実感しやすいよう知覚情報を提供する。こうした製品を開発するためには、顕在化した顧客ニーズを把握するだけでなく、顧客の潜在的ニーズ、顧客が多様な知覚情報から製品に込められたメッセージをどのように解釈するかを理解しなければならない（Clark & Fujimoto, 1991）。

こうした研究蓄積は、今日の中小サービス企業においてどのような経営実践に結実しているのであろうか。小阪（2012）は、現代の中小サービス企業にも潜在的には大きな市場が存在すると指摘する。現代の中小サービス企業は、起業家らしく、顧客を深く理解して潜在的ニーズを掘り起こすため、仮説検証的に経営せざるを得ない。では、小売業に焦点を当て、商業に大きな影響を与えている小阪裕司氏のコンサルティング手法（本章では小阪理論と略す）をより詳細に検討する。

小阪理論において最も特徴的なのは、顧客の買いたいという動機を形成することで、購買という行動を誘発し、売上を生み出すことができると指摘する点にある。小阪（2010）には、購買動機が形成されるならば、立地の悪さは大きな問題ではないし、他社の値引きさえも大きな影響を与えていない事例が紹介されている。中小サービス企業は、効率性の高さを競争上の強みにすることは難しい。小阪理論は、購買に関わる効率ではなく、顧客にとって良いと感じられる経験を商品やサービスに付加する方法を示しているのだと考えられる。

小阪理論の中心となるのが「価値創造」と顧客との「絆」作りであろう。「価値創造」とは、他者に教えたい・伝えたいことであるとも言える。小阪（2012）

は、「価値創造」を当該製品・サービスについて以下の四つの質問によって明確にすることができると述べている。

● 製品・サービスの価値要素を掘り起こす「究極の質問」
● 消費者にとっての「価値」（認知的価値・情緒的価値）
● 消費者の「問題」解決（解決される問題・心の充足体験）
● 製品・サービスの持つ「物語的要素（バックストーリー）」

「究極の質問」とは、顧客の購買動機そのものを掘り起こそうとする問であり、顧客の購買行動そのものを正統化する答えでもある。製品・サービスの「認知的価値」は、顧客にとってその製品・サービスを利用することで得られる効用であり、顧客満足へとつながる。「解決される問題」とは、認知的価値を消費者にとっての問題から捉え直したものだと言える。現代の消費者は、具体的な認知的価値だけでなく心の豊かさを求めており、「情緒的価値」が求められ、いかに製品・サービスが消費者の心を豊かにするか・良い感情を提供するのかが問われる。「心の充足体験」は、心の豊かさにつながる消費者の経験がどのようなものであるかを明らかにする。「物語的要素」とは、その製品・サービスがどのような思いや歴史から作られたものであるのかを示している。「価値創造」には、製品・サービスが顧客にとってどのような意味を与えるのか検討する必要があり、そこには「利他的な経営」がある。

また、小阪（2010）は、現代日本のように豊かな社会において単なる製品やサービスへの購買欲求が満たされるだけでは顧客にとって不十分であり、これ以外の価値を求めているのだと指摘する。中小サービス企業は、企業と顧客との「絆」作りのために、顧客の情緒や心の充足に注力しなければならない。

製品・サービスの価値を明確にすることができても、顧客に価値を知らせて、新規に顧客を獲得するためには多くの費用・時間を要する。顧客が企業の取り扱う製品・サービスを経験し、購買を繰り返してくれる顧客は、リピーターと呼ばれる。リピーターは、販売額に占める広告宣伝経費の割合が小さく、購買頻度が高い、企業にとって良い顧客である。だが、リピーターも環境の変化によって企業から離れる可能性もあるため、小阪（2012）は、リピーターを単に購買を繰り返す顧客と「絆顧客」とに分けている。「絆顧客」は、自らの意思で

企業とコミットメント関係（価値ある関係性を維持したいという願望）を持ち、容易に企業との関係を変化させようとはせず、他社の値引きすら大きな影響を与えない。多くの「絆顧客」を抱える企業は、強い経営基盤を持っていると考えられる。例えば、小阪（2010）は、自社のブログに「家庭洗濯研究所」と銘打ち洗濯機の選び方から素材に応じた適切な洗濯方法までを伝えるクリーニング店を紹介している。この経営者は、若い顧客が正しい洗濯の方法を知らない事が多いと気付き、適切な洗濯方法をブログや店頭でも顧客に教えている。例えば、繊細な素材の服でも、適切に家庭で洗濯できるなら、方法を教えて、家庭で服を洗うようにすすめる。こうした活動は、クリーニング店の売上を低下させると予測できるが、実際にはこのクリーニング店では、コミットメント関係を持った顧客が増加して、売上の低下は見られていない。

　企業が顧客との絆・コミットメント関係を構築するためには、どうするべきなのであろうか。Chaudhuri（2006）は、アメリカの大型小売店の調査から、店舗へのコミットメント関係を形成するためには、店舗に対する顧客のポジティブな情緒が必要だと結論づける。情緒や心の充足がなければ、顧客と企業のコミットメント関係は構築されない。絆・コミットメント関係の構築においても、「利他的な経営」が重要な意味を持っている事が分かる。

　こうして、「価値創造」が行われ、「絆顧客」が増えていくと、売上の増加だけでなく、顧客が企業からの情報発信に敏感に反応するようになる。経営者や従業員は、顧客からの感謝を受けると「絆」構築活動に熱心に取り組み、徐々に「絆顧客」の増加や「絆」が深化すると考えられる。加えて、小阪（2010）に紹介される多くの事例では、顧客から感謝された経営者や従業員が仕事への充実感を得て、強く動機付けられ、時にコストを度外視しているのではないかとも思わせる利他的な「絆」構築活動に取り組む様子が見られる。感謝や充実感の増加によって、「価値創造」だけでなく「絆」構築活動が段階的に企業で広がっていくのである。

　これまで見てきたとおり、中小サービス企業においては、「利他的な経営」に基づいて顧客との関係性を起業家らしく構築していく事が有効であると考えられる。一方で、「利他的な経営」は、企業を構成する個人レベルにも良い影響

を与える可能性がある。筆者は、個人レベルの意思決定の質を向上することが、より良い経営の実現の鍵であると考える。次節では、脳科学から我々の意思決定がどのような特徴を持つのか検討し、なぜ「利他的な経営」がより良い経営を実現することに繋がるのか検討する。

2.5　意思決定とヒトの脳

　経営の質を高めるためには、意思決定の質を高める必要がある。我々は、意思決定の質をどのように向上していくことができるのであろうか。この議論の前提として、現実の経営者は、どのように仕事を行っているのか確認してみよう。経営者が、執務室で壮大な経営ビジョンを構想して、思い悩みながら大いなる決断を下すという経営者の「神話」は、現実的でない。現実の経営者は、時間的な制約に追われながら、数多くの意思決定を担い、互いに関連性のない様々な業務を細切れに行っている（Mintzberg, 2011）。我々が考察している中小サービス企業でも、意思決定は重要である。ただ、経営者の「神話」から想定される意思決定と言うよりも、顧客に直接に接触する経営者や従業員の気づきから新たな経営の方向性が見いだされるのがより現実的な意思決定の姿だと言える。また、従業員の新たな試みの有効性が確認されるまで経営者が黙認することもあるかもしれない。いずれにせよ、経営者は、時間だけでなくストレスにも追いたてられ、非常に数多くの意思決定を担っていると捉えるべきであろう。数の多さ故に、個々の意思決定にわずかな違いが生じても、結果として経営に無視できない影響を与えるものと予測できる。

　より創造的な経営を実現するためには、脳それ自体の解明に可能性があるのではないかと筆者は考える。では、どのような要因が意思決定に影響を与えるのであろうか、脳科学を専門としない筆者では仮説を検証することは難しいが、仮説としてどのような論理が成り立つのか検討してみたい。意思決定の基礎となる心理学は、基本的に脳をブラックボックスとして、刺激―反応に関する知見から意識を解明してきた。脳科学は、このブラックボックスを開こうとしてい

る[10]。今日の心理学における知見は、主に「実験」事実の蓄積である。一方、脳科学は、ヒトの脳の活動を計測しその特性から、人間の本質の解明を試みていると考えられる。我々は、ヒトの脳が合理的に機能しており、合理的な思考が人間の本質であるかのごとく考えているのではないだろうか。バーナード（Barnard）とともに、近代経営学のもう一人の父であるSimon（1960）は、『意思決定の科学』において、意思決定を含む我々の思考には、無意識による影響はあるものの、少なくとも思考や意思決定の過程を意識下で、言語によって、合理的に説明できるものと捉えている。こうした見方が、我々の意識や意思決定に対する一般的なものであったであろう。しかし、これから確認する脳科学研究は、実際のヒトの脳がかなり非合理的に、大ざっぱに機能していることを示している。筆者は、こうしたヒトの脳の構造と機能を明らかにして、現実のヒトの脳に即して意思決定を捉え直すことが、これまでよりも創造的な経営を実現するために重要であると考える。

脳は、環境を認識し、体を調整して物理的に環境に適応するだけでなく、精神的活動を通しても環境に適応している。Gazzaniga（2011）は、ヒトの脳の大きさやニューロンの数は体格に比して他の動物と顕著な違いは無いが、ニューロンの接続パターンに特徴の一つが見られると述べている。大きな脳において多くのニューロン同士が相互に接続しているならば、信号処理に要するニューロン間の距離が伸びて、信号処理の速度が低下する。ヒトの脳では、進化の過程でモジュール部品のように脳の機能を偏在させ、その結果のみを統合している。こうした脳機能の偏在は、信号処理の高速化のみならず、組織を維持することに費やされるエネルギーの効率化に貢献している。

Taylor（2008）は、まれな経験を紹介している。この経験と我々の日常的経験の違いは、脳が高度に統合されていることを示している。脳科学者であるテイラー（Taylor）は、ある朝起きると、脳の左半球における脳卒中から脳内出血が生じ、言葉の意味を理解するウェルニッケ野・文章を作る機能を担うブロー

---

[10] 近年、脳科学研究は、長足の進歩を遂げているが、本章では意思決定と脳神経科学に関わる議論に注目したい。

力野の機能が阻害され、認知能力における高度な機能（言語や計算）を失いつつあった。テイラー（Taylor）は、感覚器から生じる自分では止められない信号の洪水に押し流されそうになり、また脳の右半球が醸し出す恍惚とした心地良い感覚を振り払い、左半球の機能が回復した瞬間に状況を把握して、助けを呼ぶ努力をした。救急車を呼ぶべきなのだが、そのための電話番号や救急車の記憶を呼び出す脳機能が失われており、隣人に助けを求めることを含めた代替案が意識に上ってこない。彼女が試みたのは、彼女が最も思い出し易い自分の職場に電話をして、助けを求めることであった。脳の左半球の機能が回復するタイミングに、多くの時間をかけて電話番号を思い出し、電話を掛けた。しかし、助けを求めるために彼女が発した言葉は、犬の鳴き声のような、意味をなさないものであった。同僚が彼女の異変に気づいてくれたことは、幸運であったといえよう。その後、助けを待つ間、主治医に連絡するために名刺を探すのであるが、言語機能を失った状態では名刺は単なる画素の集合としてしか認知できなかったとも記述されている。

　Wilson（2004）は、人間の視覚、聴覚などの感覚器官には、並列的に1000万を超える情報が入ってくるが、意識に上ってくるのは40ほどでしかないと指摘する。様々な感覚器から得られた知覚信号は、機能が偏在する脳のモジュールへと運ばれ、無意識下で並列的に処理される。感覚器官からそのまま知覚信号を意識に上げれば、まさに知覚の洪水を経験する。重要な記憶も意味付けられなければ、前述したテイラーが救急車を呼ぶことを思いつかないように、意識にすら上らない。

　Gazzaniga（2011）によれば、ヒトの脳では「直感的意思決定」と「意識においてなされる意思決定」が相互に補完し合っている。「意識においてなされる意思決定」は、合理的で正確ではあるが、多くの時間を要する。「直感的意思決定」は、短い時間に行われるが、非合理的で正確さを欠く傾向がある。例えば、道を歩いていて、近くに命に関わる毒ヘビを見つけたなら、「意識においてなされる意思決定」では時間をかけ過ぎて毒蛇に噛まれて命を落とす危険性もある。道に落ちた「ヒモ」を危険な「毒ヘビ」と勘違いしてでも、素早く危険を回避する「直感的意思決定」が適切であろう。「直感的意思決定」によって危険

を回避した人は、自身の行動を「毒ヘビが見えたから」と説明するだろう。これは、意識下でヘビを認識するよりも速くにその行動が見られるにも関わらず、ヒトの脳が自身の行動を観察し、理由を後付けているのである。問題は、両者が密接に補完し合って、当人ですら両者を明確に分かつことが難しい点にある。

　下條（2008）は、コンピュータ画面に2つの顔写真を表示し、より魅力的な顔写真を選ばせる実験を行っている。アイカメラを使って被験者の視線を確認すると、写真が提示された直後と意思決定の結果を知らせる0.8秒前に、選択する写真を注視する傾向が確認できる。被験者は、「両方を見ている」と答え、一方の写真を注視している事には気付かない。下條（2008）は、この実験が「意識においてなされる意思決定」ではなく、無意識が意思決定を行っていると結論する。この実験では、無意識が意思決定を行い、その理由が後付けられているのだと解釈できる。我々は、もしかすると意思決定の理由を後付けている過程を「意識においてなされる意思決定」と感じているのかも知れない。Johansson（2005）でも、被験者に2枚の顔写真を提示し、魅力的と感じる写真を選択させ、その感想を尋ねる実験をしている[11]。この実験では、選択の後に顔写真をもう一度提示して、理由を尋ねている。その際に、被験者が魅力的であると選択した写真をそのまま提示する集団と、選択しなかった写真を手品のようにすり替えて提示する集団とに分けている。被験者は、自身が魅力的だと選択した写真に対して、その魅力を答えるのは容易であろう。逆に、選択しなかった顔写真を提示された被験者は、容易にトリックに気付くと予想できる。実際には、予想に反してこのトリックに気付く被験者は、30％以下であった。加えて、トリックに気付かない被験者は、自分が魅力的だと選んでいない写真であっても、その魅力を滞りなく説明している。この実験から、ヒトの脳は、意思決定する部位と理由付ける部位が別であるだけでなく、その連携は必ずしも十分ではないことを明らかにした。

---

[11] 文章では、なかなか実験がイメージしにくいかもしれない。より詳細に実験を確認したい読者は、以下のHPを参照して欲しい。本章で紹介した下條実験（2：45〜4：45）を含め、Johansson実験も映像で紹介されている（5：30〜7：20）。
http://sciencechannel.jst.go.jp/D047001/detail/D097001062.html（検索日：2015/8/31）

　下條実験やヨハンソン（Johansson）実験は、意思決定を担う部位とは別の部位で意思決定の理由付けがなされており、これらの部位間の連携が十分ではない事を示している。Gazzaniga（2011）がインタープリター・モジュールと呼ぶヒトの脳の左半球に見られる機能は、断片的な知覚信号と自身の過去の記憶を参照しながら無意識的に解釈を後付け、時に意思決定の理由を捏造さえする。この過程では、Koch（2012）がゾンビ・システムと呼ぶ無意識が並列的に処理した結果のみを重視し、問題のディテールは捨象される。

　我々が現在と認識しているものは、感覚器官から提供される信号を無意識が処理した結果であり、ごく近い過去の記憶である。感覚器官からの信号は、その多くがヒトの意識には上らず、捨て去られる。ヒトの脳にとっては、厳密な「今」は存在せず、遠い過去から近い過去までの記憶が全てである。変化がわずかであるならば、過去の記憶を「今」と認識しても、認知のために大きな資源（時間やエネルギー）を失わないし、大きな害悪は生じない。効率良く問題を解決するため、ヒトの脳は、問題の原因と結果の記憶に集中しがちである。この点を本章が注目する脳の本質的特徴として指摘したい。当然のことであるが、ヒトの脳は、多くの時間とエネルギーを費やせば、原因と結果のみならず問題のディテールさえも意識下で合理的に再構成できる。しかし、Loftus & Ketcham（1994）も報告するとおり、再構成される記憶は捏造されることもあり、必ずしも正しいものではない。下條（2008）は、合理的に記憶を再構成しようとする機能が社会生活を営むために追加された脳機能である可能性も指摘する。

　こうしたヒトの脳の本質的特徴は、意思決定にどのような影響を与えているのであろうか。筆者は、意思決定において、合理性よりも、無意識がより大きな影響を与えるとする意思決定モデルが現実の経営者をより良く説明すると考えている。前述の通り、サイモン（Simon）は、意思決定が「意識においてなされる意思決定」によって合理的に説明できると捉えている。しかし、心理学者のKahneman（2011a）は、富の量よりも、その変化が満足度を代表する「効用」に大きな影響を与えている事を示した。Kahneman（2011b）は、「直感的意思決定」と「意識においてなされる意思決定」の２つの意思決定モードが無意

識下で組み合わされており、無意識下で行われる「直感的意思決定」を排除することは難しく、その結果「認知バイアス」が「直感的意思決定」に与える悪影響は避けることができないと指摘する。しかも、「直感的意思決定」が誤りを犯していても、我々はそのことには気付かない。Schein（1985）が指摘するとおり、バイアスを含めた価値観は、有効に機能するからこそ学習によって強く記憶として定着し、行動に影響を与える。しかし、ヒトの脳が問題の背景や環境の変化を考慮に入れない傾向があるため、バイアスや価値観は、常に有効ではない。

　Kahneman（2011b）は、「直感的意思決定」に悪影響を与える可能性のある12の「認知バイアス」のうち、第一に「利己的バイアス」をあげている。ヒトの脳は、意思決定において、無意識に自身の利益になる知覚や記憶に注目し、相対的にそれ以外の要件を疎かにする傾向がある。当然ながら、自身の利益にならない事象に意識を集中することは必ずしも効率的ではないため、「利己的バイアス」が定着することは自然だと考えられる。ただ、自身の利益に注目する価値観は、常に有効でもない。経営学において金銭的報酬を代表する外発的動機付けは、創造性を阻害すると指摘されてきた（Deci & Flaste,1995）。Pink（2009）は、自身の利益に注目する価値観は、過去では有効であったかもしれないが、豊かな発想や創造性が求められる今日的な仕事においては害悪をもたらすと主張する。我々は、脳の構造として、自己の利益に繋がる事象に意識を注目するあまり、豊かな発想や創造性を阻害する可能性が高いと考えられる。

　Kahneman（2011b）は、個々の意思決定について検討を加える事で、12の「認知バイアス」から生じる悪影響を軽減する方法を示している。一つの意思決定についてそれぞれの「認知バイアス」を意識下で検討し、その悪影響を軽減することは、可能かもしれない。しかし、現実的な経営者を想定した場合、筆者は、「直感的意思決定」から生じる害悪を排除することは難しいと考える。何故なら、Mintzberg（2009）が指摘したように、現実の経営者は膨大な数の意思決定を担っている。数多くの意思決定それぞれについて、12の「認知バイアス」による悪影響を完全に排除しようという試みは、現実的ではない。また、

ある意思決定の結果が他の意思決定に影響を与え、そうした数多くの意思決定を統合したものが、一つの意思決定になっているのが一般的な意思決定ではないだろうか。我々は、こうした状況を想定した上で、より良い意思決定を実現するためにどうすべきなのであろうか。

　筆者は、バンデュラ（Bandura）の研究により良い意思決定の可能性を見出した。Bandura（1997）は、ある人が特定の行動を起こす前に感じる遂行可能性（効力期待）が自己効力感であり、自己効力感が低ければ積極的な行動は見られないことを示した。自己効力感は、ある行動に成功した体験で向上するが、他者の行動を観察して自分にもできそうだという考えを持つ事や、言語的な説得によっても向上すると指摘され、実際の心理的治療にも応用されている。ヒトの脳にとっては、新しい行動が有効であるなら、新たな記憶となり、新たな記憶が無意識として有効な行動を促す好循環が見られる。つまり、新たな記憶は、自己効力感として、無意識的に意思決定や行動に影響を与えるのである。

　組織レベルでも同様に、新たな価値観を持った人材の行動が有効だと評価されると、他者にも影響を与える（Schein,1985）。組織レベルでも、新たな記憶が新たな行動を促し、組織のルーチンとして強化される。

　環境の大きな変化を前提とするならば、またある意思決定の結果が他の意思決定に影響を与えるのであれば、起業家らしく仮説検証的に経営せざるを得ない。その際に、自身の利益を重視することが社会的に一般的である。しかしながら、今日の企業には「利他的な経営」が適切であると筆者は考える。経営者から従業員まで「利他的な経営」の有用性を強く共有するならば、「利己的バイアス」による発想や創造性への制約を振り払い、より創造的な意思決定、より良い経営が実践され、結果としてより高い業績を上げる可能性があると仮説的に考えることができる。「利他的な経営」が組織で正統性を獲得する過程には、価値観や記憶が強化される好循環が不可欠であり、段階的な「利他的な経営」の普及が見られるであろう。こうした特徴は、実例でも確認できるのだろうか。次節では「利他的な経営」を実践する企業の実例から、その特徴を検討してみよう。

2.6　有限会社 東郷堂の事例[12]

　これまで、断片的に「利他的な経営」の特徴を論じ、ヒトの脳に注目して仮説的に「利他的経営」がより創造的な経営を実現する可能性を検討してきた。では、実際の経営において「利他的な経営」は、どのように実践されているのであろうか。「利他的な経営」へと経営を転換した有限会社東郷堂の事例から、具体的に「利他的な経営」を検討してみたい。この事例は、東郷堂常務鈴木永氏が2014年8月6日に長野大学で行った講演を基に作成している。東郷堂の事例から、「利他的な経営」の具体像を確認し、その内実を分析してみよう。

　上田の新聞販売店、有限会社東郷堂の常務をしています鈴木です。学生の頃は、東郷堂で仕事をする意志はありませんでした。高校から長野を離れ、高校は工業系、大学も工業大学で原子力を学びながら、アメリカンフットボールをやっていました。大学3年生の時、東郷堂に問題が起きて、上田に戻りました。「2～3年手伝えばまた大学に帰れる」くらいの気持ちだったのですが、もう40年も経っています。

　東郷堂という会社は、今年（2014年8月現在）で創業112年です。会社の理念は、「1．良い家庭を作ろう。2．良い地域を作ろう。3．良い会社を作ろう」の3つです。従業員の採用面接で、聞くことは一つです。「うちの会社に入ってどうしたいの？　貴方はどんな人生設計を送りたいの？　どんな家庭を作りたいの？」と聞くだけ。好きな人も居ないうちに、自分が好きなことやるのだったら、給料なんて安くても良い。でも将来を考えると、そうじゃないですよね。これから大学に通って、良い会社に勤め、良い生活のために良いお給料をもらいたいと誰でも考えます。では、良い生活とはどんな生活でしょう、好きな人と一緒に暮らしたいということではないでしょうか。だから、最初の東郷堂の経営理念は、「良い家庭を作ろう」です。良い家庭を作ろうとすれば、周りの人たちが良い人でなければ困るから、みんなで「よい地域を作ろう」としています。

[12] この事例は、東郷堂の経営状態を判断する目的で作成されたものではない。鈴木氏のご協力に、心より感謝いたします。

それから「良い会社を作ろう」。どんなに良い家庭を作っても、どんなに良い地域を作っても、自分が居る会社が作れないのでは意味が無い。経営者の大事な仕事は、社員に自発的に、この会社に居ることが、自分のプラスになって、この会社を残していくことは、自分の人生や自分の生活のために大事なことだって思わせることです。思わせるだけじゃなくて、実際にお給料が増えていき、そうしたことが家族全員で感じられることが出来ること、それが東郷堂の経営理念です。

　現在、東郷堂の社員数は54名、平均年齢が43.8歳、平均社歴がたった10年の若い企業です。でも、15年前は、高齢者雇用で長野県から表彰を受ける時代がありました、10年前は社員の平均年齢が55歳です。若い子も居るけど、60歳とか70歳代の人が沢山いました。高齢者を雇用すると助成金がかなり高くて、社員を若くしようなんてその当時思わなかった。だけど、変わらなければきっと生き残れないと気付くと、高齢者だとどうにもならないです。もし定年まで2年となった時、新しい試みに挑戦する事は難しい。でも、30歳でこんな会社に勤めてもしょうがないと思ったら、会社辞めるよね。30歳や40歳の社員であれば、会社が潰れちゃ困るから、東郷堂を変えるために社員を若返らせた。今一番若い社員は、18歳です。18歳から今70歳までいます。だけど平均年齢が43.8歳ということは、40歳より若い社員がたくさんいるということです。

　若い社員と一緒に、東郷堂は変わりつつあります。例えば、プライバシーマーク[13]の取得です。プライバシーマークを一つの基準にして会社や仕事の基準を決めています。プライバシーマークのコンサルタントの方から言われているのですが、基準は社員を入れて20人くらいで作っちゃいけないそうです。なぜかと言うと、「作ったものはこれです、使いなさい」と社員に言うのは簡単だけど、その後広がらないそうです。うちの場合、半数の社員がプライバシーマークを作る委員会に参加し、出来たときは半分の社員がプライバシーマークを良

---

[13]「プライバシーマーク制度」とは、一般財団法人日本情報経済社会推進協会が運営し、事業者の個人情報を取り扱う仕組みとその運用について評価する制度である。事業者の個人情報の管理体制が確立・運営していることを示している。

く知っている会社になりました。新聞業界では日本で始めて東郷堂がプライバシーマークを取得しています。それから、折り込みチラシを扱う東郷商事が経済産業省の2013年中小企業IT経営力大賞で優秀賞をとりました。長野県からは初めてです。東郷堂でも、2014年中小企業IT経営実践認定企業として表彰を受けています。また、地域の安全に関わる活動について関東管区警察庁賞をいただいています。

　昔の東郷堂には、マーケティングは要りませんでした。貴方の家に行って僕がトントントンとドアをノックして、ドアを開けたら、しめたもの、中に入って契約書に判子をもらうまで玄関に座っちゃえばいい。玄関に知らない男性に居座られたら、怖いでしょ。怖い人に早く玄関から帰ってもらいたいなら、新聞を取るでしょ、3ヶ月も6ヶ月も一緒です。販売促進はただ一つ、僕が新しい契約を取るために、1日6軒居座りをやる。マーケティングは関係ない。こんな怖い、年配で柄の悪い押し売りが居座る、景品は新聞を取ってくれたら5年前くらいの洗剤とかをくれる。お客さんは「こんなもん気持ち悪いから早く捨てたい」と感じても、契約が切れる前に居座りに行く、来ればまた新聞を契約するしかない。

　新聞の宅配率が一番低い所は、25％程度です。そこの人達は、新聞を読まないのか、情報技術で情報を得ているから新聞が不要なのかというと、そんなことはない。駅で新聞を買って読んでいるのです。怖い新聞屋さんに家へ来て欲しくないから、新聞を宅配して欲しくないのです。新聞の普及率が下がったら、新聞販売店は潰れます。そんな将来性がない、怖い、年配、柄の悪い、押し売り、居座りやっているところに就職する？　その会社の事務員になりたいと思う？　若い人たちの居ない会社は必ず潰れます。君が企業訪問をしたら、怖い、年配、柄の悪い人そんな人達がいっぱい居る会社に就職したいですか？まず行かないでしょう。これが昔の東郷堂です。若い人に魅力のない会社だから、社員の平均年齢が高かったわけです。

　かつての上田でも、熾烈な新聞販売店同士の販売拡張競争があり、こうした人達が必要でした。その時には、販売店には、顧客を獲得することしか頭になかったのです。しかし、いつしかこんな消耗戦を続けていても仕方ないことに気付きました。東郷堂は、顧客を獲得する競争、景品を配っての販売促進を止

め、従業員への費用分配を高め、当たり前のサービスをして、一つの契約毎に利益が出るように経営を転換しました。

　具体的には、15年前からマーケティングに取り組みました。プライバシーマークの取得に取組み、若い社員を採用しながら若い子達にセールスを教えていきました。セールスを教えるときに、玄関を開けさせて、居座りなさいって教えられたら2日くらいで辞めますよね。だから最初に、一度新聞を購読していただいたお客さんには、長期に購読していただけるように指導しました。お客さんに新聞を取り続けてもらう、固定客を確保するために当たり前のことをし、その水準を高める事を目指しました。

　それから、見込み客を多く集めるということです。例えば、新聞の営業に行って、「うちに新聞は不要だよ」と言われても、「1週間試してくださいよ、1週間後に断って下さっても結構ですから」と答える、「じゃ、1週間だけだよ」と言ってもらえれば、見込み客をつくることができます。

　その次に、情報を提供して見込み客を購読客に育てる、お客さんを教育していくことです。新聞に魅力を感じないお客様に、「新聞て何が書いてあるのだろう」ということをお教えして、魅力を伝えていきます。小学校や中学校で東郷堂が取り組んでいるのは、まさにこの点です。例えば、受験を考える高校3年生や中学を受験する子供に、天声人語を読んで、文章を書きなさいと勉強の仕方を教える。スポーツは得意なのだけど勉強ができない子供がいて、親御さんがうちの子供をどうしようって困っていた。進学を目指していた中学校の運動部は、国内トップクラスです。だけど、いくらスポーツが出来ても、ちゃんとした入学試験が課せられているので、勉強ができないと入学できない。東郷堂で、勉強のやり方を教えた子供がその中学校に受かったのです。それを次の年に同じ様にお困りの親御さんやお子さんにお伝えすれば、1月頃から3月頃まで新聞販売が増える。東郷堂で、新聞を使った勉強のやり方を教えたら、受かっちゃった、そういうことをお伝えしていくのです。

　そして最後に顧客化です、安心感を与える。うちは絶対居座りなんかやりません。お客さんにご迷惑をお掛けするようなことは絶対やりません。だから安心して玄関を開けてください、玄関の呼び出しボタンを押したらちゃんとドアを

開けてくださいと最初の集客や見込み客との関係から、きちんと分かっていただけるようにする。その結果が販売です。販売はだから最後に来ます。1度購読していただいたら、長期にお付き合いしていただく。新しいお客さんが増えればそのままお客さんが増えていきます。こうした活動を東郷堂では15年位前から始めました。ホームページの作成やフェイスブックにも取り組んでいます。新聞ファンを増やすことが、購読の申し込みに繋がるのです。

　こうした取組をしてきて、東郷堂はどんな企業としてお客さんに捉えられているのだろうか、我々にとって気になるところです。2013年の夏に、インターンの学生が1軒ずつ訪問して、聞き取り調査をしてもらいました。3週間、1400軒に訪問して、370軒から回答を得ました。その中では、夕飯をご馳走になって帰ってきたという事もあったそうです。

　20歳代の方から70歳代の方まで、ほとんど同じくらいの割合で回答が得られました。上田は戸建てが多いので、アパート・マンションから回答を得るのは難しいと予測していたけど、アパート・マンションについても結構回答が得られました。

　東郷堂という会社について、非常に良い、良いと評価した方が45%いました。普通だと評価する人たちが51%でした。悪いと評価する人は、4%、11件でした。これは、学生だから得られるデータです。僕が行って、「お前の会社良くないよね、何が悪いかって言ったら〜」とは答えないでしょう。悪いと評価する家に理由を聞いたら、「新聞を止めてください」と言ったけど、止まらなかった。または、新聞を止めたのだけれど、社員が日割りの計算が十分に説明できず、その不満から新聞購読を止めた。そんなエピソードを知ることができました。

　その一方で、若い社員たちに「新聞が2日溜まったら、特にお年寄りの家には必ず声をかけなさい」と指導していることについて、地域の評価を我々は知りたかった。調査結果は、「新聞屋さんは、お年寄りのお家を気にしていて大変良い」という答えが多くを占めました。この結果を見て社員たちは、「自分たちがやっていたことはお客さんにとって間違いじゃない」と分かったのです。そうすると自信がつく、自分達がやっていることをこれから続けてかなきゃいけないと思います。悪い点もあるけど、そんなに多くはない、4点くらい変えれば良い

ということに社員が気付いてくれたのです。

　2日分の新聞が溜まったら、おじいちゃん・おばあちゃんの家に何か問題がおきている事が分かる。朝に新聞を配っていて何を見つけるかって言ったら、首吊り自殺と徘徊老人です。首吊り自殺を見つけるケースは、結構多いのです。車で通り過ぎようとしたら、何かぶら下がっていると気付く、警察にすぐに連絡します。徘徊老人は、自動販売機の傍にじっとしている事が多いです。日常的にお付き合いがあるから、何処のお家のお年寄りか分かり、連れて帰らせます。最初、これらのケースが年に数件だったのですが、徐々に増えて、2013年には15件ありました。2日間新聞が溜まっていたら、鍵を空けて、救急車を呼ぶと助かるケースもあるだろう。だけど、もしかしたら旅行に行っているのかも知れないから、今鍵を壊して中に入るのは警察もなかなか出来ない。だから15件のうち早くドアを開けられて人命救助に繋がることもあるし、そうじゃない事もあります。今、東郷堂の社員が若くなっているので、タブレット端末で購読者の家族構成や緊急連絡先を情報共有するシステムの構築を進めています。

　地域の見回りを始めたのは、30歳代の若い社員が死んだおじいちゃんを見つけた事が切掛けでした。あるおじいちゃんは、毎月10日に集金に行くと必ず家で待っていてくれました。ある月の10日にお宅に伺うと、おじいちゃんの返事がない。不審に思って隣のアパートから様子を覗いたら、おじいちゃんが倒れているのを見つけ、通報しました。2日間ほど警察から社員への事情聴取がありました、すると急にその地域で新聞が売れはじめたのです。かつては、営業に行っても、目が見えないとか、字が読めないと答えたお年寄り達が、新聞を購読し始めたのです。若い社員も僕も何で新聞が売れはじめたのか分かりませんでした。若い社員が新聞購読をはじめたお年寄りに理由を尋ねたら、「あなたが見つけてくれるんでしょう、私が死んだら」と答えたそうです。形があるうちに見つけてくれるということが、お年寄りにとってとても重要なことなのです。お葬式の後、おじいちゃんの親族が会社を訪れました。「なぜもっと早く見つけてくれないのだ」と怒られると社員は思ったのですが、「早くに見つけてくれてありがとう」と菓子折を持ってお礼を言いに来たのでした。

　お年寄りと東郷堂の関係では、見守ってくれる、死んで2日、少なくとも3日

経てば必ず見つけてくれる。それが、お年寄りが毎月新聞代を支払う理由なのです。うちは、営業所ごとの完全歩合制なので、入院や死んだ人を見つけると自分のお客さんが1人減って、売上と自分の収入は間違いなく来月減ります。でも、お客さんに感謝されて、そうしたことを彼らは積極的に見つけて回ります。

　社員の教育は必要です、でも自分たちの取り組みが具体的に社会的な意義があると感じさせる仕組みを会社が作っておかなければならない。何かあった時にお客さんが「ありがとう」と社員に直接言ってくれる仕組みを作っておかなければならない。社員が受け取る「ありがとう」という言葉によって、社員が勝手に取り組みの意義を感じちゃう、何より気持ち良い。お客さんに「ありがとう」と言われると、それをまた言ってもらうために一生懸命やり始め、自分でエンジンを掛けちゃうのだからこんな楽なことはない。勉強でも運動でも同じかもしれないけど、努力に対して「ありがとう」と言ってもらえる仕組みがとても大事だと思います。

　東郷堂の朝は、一番早いと夜中の12時に出勤して、仕事が始まります。夜通し働くのは、その仕事が自分にとって特別な意味がなければ出来ません。自分の人生が必ず良くなるということを社員が理解し、自分たちはお客さんに感謝されているのが分からないと、この仕事は出来ないのです。

2.7　事例のまとめ

　本節では、有限会社東郷堂の事例を整理する。1970年代の半ば、鈴木氏は、人手不足になった東郷堂を手伝うため、大学を休学して、家業であった東郷堂での仕事を始めた。鈴木氏は、新聞販売拡張競争のなかで、顧客獲得を目指して1日6軒の居座りをしていた。アメリカンフットボールでラインを務めた立派な体格で玄関に居座られたら、高い効果があったであろう。過去の東郷堂は、新聞を販売するために顧客が嫌がることを厭わない、自身の利益を重視する経営であったと言える。1990年代の半ばに、従業員を若返らせ、「客を転がす」と表現された顧客を短期的に獲得する戦略から、顧客と長期的に取引す

る戦略に転換した。そうした時期に、若い社員が、お年寄りが亡くなっているのを偶然に発見し、経営者も新聞の遅配等が生じる事を承知で若い社員の行動を認め、警察に通報する。警察から事情聴取を受けなければならず、遺体を発見した後新聞配達は予定どおりにできなくなる。この出来事が、東郷堂の「利他的な経営」への転換点となった。東郷堂に対するコミットメント関係を持つ顧客がこの地域で増加し、新聞販売が伸びたのである。若き1社員の「利他的な行動」が、当該地域での新聞販売の伸びという良い影響を東郷堂に与えた。こんな反応が起こるとは、誰も考えていなかった。驚きとともに「利他的な経営」の有効性を理解した社員達は、顧客や地域を重視する「利他的な経営」を試行し、これが地域に評価されて売上が高まり、社内において徐々に正統性を獲得し、段階的に普及・定着していく。結果として、老人宅の異常を通報する件数が増え、2013年には年間15件もの老人宅の異常を警察に通報している。加えて、東郷堂では、社員が若返り、新聞購読者の情報を共有することが難しくなったため、緊急連絡先等を共有するためのIT投資までしている。これまでの理論的検討から予想されたように、東郷堂の事例では、「利他的な経営」が段階的に普及しているように見られる。

　段階的に普及した「利他的な経営」は、東郷堂の収益性にどのような影響を与えているのであろうか。事実として、東郷堂は、関連会社とともに2013年・2014年とIT経営実践企業として表彰を受けている。この賞は、他の中小企業の模範となるようなITを活かした経営を表彰するものであるが、売上や利益を含めて審査している[14]。また、鈴木氏は、創業100年を超える東郷堂で、安定して利益が得られるようになったのはここ10年程だと答えている。これらの事実は、現在の東郷堂が財務的に優れた企業である事を示している。ビジネスモデルとして考えても、市場占有率が75%である東郷堂は、収益性の高い企業である。20年ほど前には熾烈な販売拡張競争があり、現在の市場占有率より低くても事業が継続できたのであるから、高い市場占有率を獲得している現

---

[14] 中小企業IT経営力大賞の審査については、下記のHPに詳しい。
http://www.meti.go.jp/policy/it_policy/it-keiei/award/2014/examination.html
（閲覧日：2015/8/31）

在では、より収益性が高いと予想できる。注目するべきは、「利他的な経営」への転換が安定的な利益が実現する時期よりも先行している点である。東郷堂における高業績化は 2000 年以降であるが、1990 年代後半に「利他的経営」への転換が確認できる。こうした事実から、「利他的な経営」は、高い収益性の結果なのではなく、企業の業績に良い影響を与える原因である可能性が指摘できる。

2.8 まとめとして

　東郷堂の事例は、お客さんの感謝で従業員がやりがいを感じ、お客さんの感謝を受けてさらに努力する様子が見られる。まさに「利他的な経営」の実践であり、東郷堂において、個人の行動が組織的行動へと広がり、起業家的にその重要性を確認した上で戦略的な IT 投資までしている。「利他的な経営」が顧客とのコミットメント関係を育み、業績を高め、さらに「利他的な経営」を促進する好循環が見られた。また、「利他的な経営」が経営者や社員の動機に影響を与えて、創造性にも良い影響を与えたからか、業績を高め、さらに「利他的な経営」を促進する好循環が見られる。本事例では、起業家的に顧客のニーズをより深く把握し、「利他的な経営」が中小サービス企業の生産性を高め、高収益化の原因となったと解釈する事ができるだろう。

　本章では、中小サービス企業の価値をいかに高めるのかという問に対して、新たな 1 事例を加えることで「利他的経営」を研究する価値を示すことができたのではなかろうか。「利他的な経営」を実践する東郷堂は、収益性の高い企業である事を示すことができた。ただ、他社に比して創造的な経営を行っているのかという問に、筆者は十分な答えを示すことができていない。今後の研究では、感性工学や脳科学研究に加え、これら生理的指標を測定できる計測機器を活用し、心理学や脳活動の側面から研究する可能性を検討するべきだと考えられる。その上で、事例研究の数を増すだけでなく、理論的な検討を含めて、議論の質を高めていきたい。

参考文献 ||||||||||||||||||||||||||||||||||||||||||||||||||||||||||||||||||||||||||||||||||||

- Aldrich, H.E. *Organizations Evolving*, Sage Publications, 1999.
- Bandura, A. *Self-efficacy: The Exercise of Control*, W H Freeman & Co, 1997.
- Blank, S. & Dorf, B. *The Statup Owner's Manual: The Step-by-step Guide for Building a Great Company*, K & S Ranch, 2012（堤孝志・飯野将人訳『スタートアップ・マニュアル ベンチャー創業から大企業の新事業立ち上げまで』翔泳社, 2012年）.
- Chaudhuri, A. *Emotion and Reason in Consumer Behavior*, Elsevier Inc. 2006（恩蔵直人他訳『感情マーケティング―感情と理性の消費者行動』千倉書房, 2007年）.
- Clark, K. & Fujimoto, T. *Product development performance* Harvard Business school Press, 1991（田村明比古訳『製品開発力―日米欧自動車メーカー20社の詳細調査』ダイヤモンド社, 1993年）.
- Deci, E. & Flaste, R. *Why We Do What We Go: Understanding Self-Motivation* G.P. Putnams' Sons, 1995（桜井茂男監訳「人を伸ばす力：内発と自立のすすめ』新曜社, 1999年）.
- Gartner, W.B. "Who is an Entrepreneur？" Is the Wrong Question", *American Journal of Small Business*, Volume 1, No.1, 11-32, 1988.
- Gazzaniga, M. *Who's in Change Free will and the Science of the Brain* Brockman Inc. 2011（藤井留美訳『〈わたし〉はどこにあるのか―ガザニガ脳科学講義』紀伊國屋書店, 2014年）.
- Johansson, P. Hall, L. Sikström, S. & Olsson, A. Failure to detect mismatches between intention and outcome in a simple decision task, *Science*, Vol.310, 2005.
- Kahneman, D. *Nobel prize lecture and other essays Maps of bounded rationality Autobiography*, 2011a（友野典男・山内あゆ子訳『ダニエル・カーネマン 心理と経済を語る』楽工社）.
- Kahneman, D. Lovallo, D. & Sibony, O. "Before You Make That Big Decision", *Harvard Business Review*, 2011 June, 2011b.
- Koch, C. *Consciousness: Confessions of a Romantic Reductionist*, MIT press, 2012（土谷尚嗣・小林史哉訳『意識をめぐる冒険』岩波書店, 2014年）.

- Loftus, E.F. & Ketcham, K. *The Myth of Repressed Memory: False Memories and Allegations of Sexual Abuse*, St Martin's Press, 1994（仲真紀子訳『抑圧された記憶の神話 - 偽りの性的虐待の記憶をめぐって』誠信書房, 2000年）.
- McClelland, D. *The Achieving Society*, D. Van Nostrand Company, 1961.
- Mintzberg, H. *Managing by Henry Mintzberg*, Berrett-Koehler Publishers. Inc. 2009（池村千秋訳『マネジャーの実像―「管理職」はなぜ仕事に追われているのか』日経BP社, 2011年）.
- Pink, D. Drive: *The Surprising Truth about What Motivates Us*, Riverhead Hardcover, 2009（大前研一訳『モチベーション3.0』講談社, 2010年）.
- Simon, H.A. *The new science of Management Decision*, Harper & Row, 1960（稲葉元吉・倉井武夫訳『意思決定の科学』産業能率大学出版部, 1979年）.
- Sarasvathy, S.D. *EFFECTUATION*, Edward Elgar Publishing, 2008.
- Schein,E.H. *Organizational Culture and Leadership*, Jossey-Bass Inc. 1985（清水紀彦, 浜田幸雄訳,『組織文化とリーダーシップ―リーダーは文化をどう変革するか』ダイヤモンド社, 1989年）.
- Schlesinger, L. et al *Just Start: Take Action, Embrace Uncertainty, Create the Future*, Harvard Business Review Press, 2012（清水由貴子訳『ジャスト・スタート - 起業家に学ぶ予測不能な未来の生き抜き方』CCCメディアハウス, 2013年）.
- Taylor, J. *My Stroke of Insight: A Brain Scientist's Personal Journey*, Thorndike Press, 2008（竹内薫訳『奇跡の脳』新潮社, 2009年）.
- Wilson, T. *Strangers to Ourselves: Discovering the Adaptive Unconscious*, Belknap Press,2004（村田光二訳『自分を知り、自分を変える―適応的無意識の心理学』新曜社, 2005年）.
- Thaler, R. Tversky, A. Kahneman, D. and Schwartz, A. " The Effect of Myopia and Loss Aversion on Risk Taking: An Experimental Test", *The Quarterly Journal of Economics*, vol.112, issue 2, 1997.
- 金井壽宏著『仕事で「一皮むける」関経連「一皮むけた経験」に学ぶ』光文社新書 2002年.
- 河野良治「中小企業経営者能力に関するコンピテンシー論的分析」『中小企業のイノベーション』日本中小企業学会論集第31号, 2012年.

- 小阪裕司『お客さまの「特別」になる方法──「リレーションシップ・キャピタル」の時代』角川書店, 2010年.
- 小阪裕司『価値創造の思考法』東洋経済新報社, 2012年.
- 下條信輔『サブリミナル・インパクト──情動と潜在認知の現代』ちくま新書, 2008年.
- 武田晴人『日本の情報通信産業史──2つの世界から1つの世界へ』有斐閣, 2011年.
- 舘澤貢次『佐川急便の大変身──SDを核とした「高収益経営」の秘密』オーエス出版社, 1999年.
- 藤本隆宏『能力構築競争──日本の自動車産業はなぜ強いのか』中公新書, 2003年.
- 丸山恵也他編著『比較研究 日韓自動車産業の全容』亜紀書房, 2000年.
- 柳孝一『ベンチャー経営論──創造的破壊と矛盾のマネジメント』日本経済出版社, 2004年.
- 森川亮『シンプルに考える──本当に大切な1%に100%集中する』ダイヤモンド社, 2015年.

第3章

差別化戦略の重要性[1]

　起業家は、時代とともに変化していく顧客のニーズに焦点を当て、顧客に評価される商品を提案しなければならない。こうした行動は、大企業、中小企業といった企業規模に関わらず、実行していく必要がある。そこで本章では、差別化戦略に基づき、現実的にどのように差別化された製品を生み出しているのか調査する。このために、ここでは大企業に注目し、自動車産業を構築したアメリカ、これをベースに発展した日本と韓国を取り上げる。まず、日本を代表するトヨタ自動車、次に、アメリカを代表する3社の自動車メーカー、さらに韓国を代表する現代自動車の製品開発を比較研究した。トヨタ自動車は、販売チャネルを維持するため効率的に感性工学的に差別化された自動車を多く開発できる体制を形成していた。アメリカの自動車会社は、世界戦略に基づいてモジュール化を進め、効率的な製品開発・製造部品の供給プロセスにおいて他社と差別化する戦略に取り組んでいた。韓国現代自動車は、部品メーカーの脆弱性を克服すべく、取引関係を固定化することで系列部品メーカーの育成に取り組んでいた。本比較研究から、戦略は競争上の強みを生かすポジションだけではなく、企業が持つ資源によって適切な経営戦略が必要である、との知見を得た。

[1] 本章は、「日・米・韓 自動車メーカーの製品開発比較研究」『アジア経営研究学会誌』第5巻，1999年、105頁～110頁より引用している。これは、アジア経営学会で発表した「日・米・韓 自動車メーカーの製品開発比較研究」の内容をまとめたものである。レフリーの方々とコメントをしていただいた先生方に感謝いたします。

3.1 はじめに

　現在の自動車産業では、ネットワーク的な生産の普及と世界的な再編が進められている。これらの変化は、「どのように生産するか」だけでなく「なにを創るのか」という問題の重要性を増しながら、各企業それぞれの中核的な組織能力に注目せざるをえなくなってきている。今日では特に、自動車産業において製品開発の正否が業績に大きな影響を与えているという事実から、製品開発とその組織能力に注目する。世界的な競争の激化、情報技術の活用、ネットワーク的な生産、製販統合等を背景として、日本メーカーにおける製品開発が今後どのような方向に進んでいくのか考察することを本稿の目的とする。

　戦略論研究は、多様な事業単位をどのようにマネジメントするかについて明らかにした（Ansoff, 1965. Henderson, 1970. Porter, 1980）。例えば、Porter（1980）は、高い収益を得るために、産業組織論的に市場構造を分析するSCPアプローチを示している[2]。Simon（1947）は意思決定を「行為に先立って存在している選択」であるとしている。資源を有効に運用するという観点から、例えば重複投資を避けるために、戦略を立案してから実施することが適切であると考えられる。しかし、企業は、事業に関わる情報をすべては持っては

---

[2] 例えば、パーソナルコンピュータを製造・販売する企業を想定した場合、パーソナルコンピュータの性能に大きく影響を与える中央演算装置やOSは、インテル社やマイクロソフト社に事実上独占されて、差別化も容易ではない。また、パーソナルコンピュータは、より廉価なスマートフォンやタブレットに代替されつつある。SCPアプローチでは、パーソナルコンピュータ市場は、収益性の面であまり魅力的ではないと評価される。

[3] ホンダがアメリカモーターバイク市場に進出した事例は、ハーバード大学のMBAが分析的戦略論を学ぶためのケーススタディーに使われた。ケースの概要は、ホンダの従業員達が綿密かつ合理的にコスト優位性を活かす戦略分析の結果として策定し、アメリカ市場で小型モーターバイクの導入に成功したことになっている。しかし、Pascal（1984）は、アメリカ進出に実際に関わった従業員のインタビューから異なる意見が聞かれたことを指摘する。ホンダは、当初の計画としてアメリカ市場で一般的であった大型のモーターバイクを日本から持ち込もうとしていた。しかし、当時のホンダの大型モーターバイクは、アメリカ人が求める「早い速度で長距離を走る」性能において不十分であった。販売店を回っている時に、あるアメリカの販売店がホンダの従業員が移動に使っていた小型モーターバイクに興味を持ち、声をかけた。これがきっかけとなり、ホンダの小型モーターバイクは、「NICEST PEOPLE ON A HONDA」というコピーで販売され、ヒット商品となり、ホンダはアメリカ進出の橋頭堡を得た。

いない。Mintzberg（1989）は、事業に大きな影響を与える情報が戦略を実施する過程で得られることで、戦略の実施をより良いものにすると指摘する[3]。Osterwalder & Pigneur（2010）やBlank & Dorf（2012）は、これまでに無い事業を構想する上で、本格的な投資を行う前に、仮説検証的に戦略を実施しながら顧客ニーズ等を把握し、事業計画をより良いものにすべきであると指摘する。

　SCPアプローチでは、市場構造として競争が厳しい環境に直面する企業は収益性が低いと予測できる。実際には、そのような環境に直面する企業でも、収益性の高い企業もみられる。Hamel & Prahalad（1994）やBarney（2002）は、企業が持つ中核的な組織能力や資源が収益性に大きく影響を与えると指摘する。彼らの視点に立てば、同一の環境にあっても、企業が持った中核的組織能力や資源の違いが収益性の違いを生んでいる。Hamel & Prahalad（1994）は、他社が容易に真似出来ないその企業独自のナレッジ、技術の組み合わせや技術資産を中核的組織能力と定義して、中核的組織能力に注目すると他社との協業によって自社の能力をより有効に発揮できると指摘する。Barney（2002）は、経営資源を戦略の策定と実施に関わる資産、組織能力、組織プロセス、企業属性、情報、知識等と定義する。論者によって違いはあるが、組織能力が組織として発揮させる能力、経営資源には組織能力を下支えする従業員の能力、特許などの技術力、ブランド、組織ルーチン等を想定している。貸借対照表や資産状況などに財務的な経営資源が表わされるであろうし、知的財産権のポートフォリオには、その会社の技術力が表わされる。大量生産において効率性と柔軟性を同時に実現したトヨタ生産システムはよく知られているが、効率的な製品開発なしに大量生産-販売体制を支えることはできなかった。Clark & Fujimoto（1991）は、製品開発において高いパフォーマンスを示した、日本メーカーの特徴と能力を明確に示した画期的な研究である。しかし、Schein（1985）が指摘するように、企業文化による組織能力の評価によって組織能力の活用は大きな影響を受けていると考えられる。このような問題意識から、本章ではメーカーの歴史的背景にも注目する。

　なお、製品開発においては、開発すべき車種の顧客像や利用の状況などの

既存の情報を活用する。しかし、これのみに依存した商品は、陳腐化して、時代遅れとなる恐れがある。未来の顧客に差別化された商品の価値を伝達することは、既存顧客のニーズを把握できていたとしても、リスクが伴う。こうしたリスクを低減するために製品開発主査は、社内ベンチャーにおける起業家のような役割を果たす。具体的に製品開発主査は、利他的に未来の顧客が求める差別化した商品像を明らかにし、技術的側面を含めてこの商品像をいかに効率的に実現するのかという課題を解決しなければならない。

　広義の研究開発には製品開発が含まれるが、本稿では製品開発に注目し、一定の市場・環境・技術の下で「どのような製品を開発すべきか」という問題として捉えることとする。製品開発研究において多くの論者が情報や知識に焦点をあて、製品開発過程を情報や知識の変換過程として捉えている[4]。本章でも、製品開発過程において、どのように情報を獲得し、変換しているのかという点を中心に論を進めたい。

　国際的な比較を試みたのは、ビッグ3や韓国メーカーと比較することによって日本メーカーの製品開発をより良く理解するためである。ビッグ3や韓国メーカーは、日本メーカーから大きな影響を受けている。それぞれのケースで若干異なる点も見られるが、日本からの技術移転に関して、果たしてどのような環境が重要な役割を果たしたのであろうか次節で検討する。

3.2　日本メーカーにおける製品開発の特徴

(1) 日本メーカーが直面した環境と戦略

　日本メーカーの製品開発体制の特徴を示すため、1980年代前半におけるトヨタの製品開発上の特徴を見てみよう。**図**3-1は、トヨタのモデル数と登録台数の変化を示している。国内の販売体制が確立しつつある1980年代までに

---

[4] 詳しくは、Clark & Fujimoto（1991）および名城鉄夫・大熊和彦・田淵泰男（1994）を参照されたい。

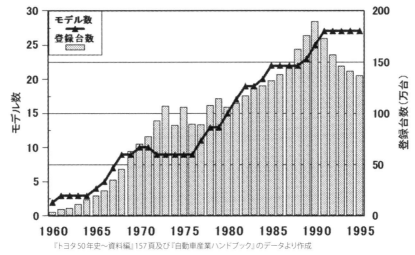

『トヨタ50年史〜資料編』157頁及び『自動車産業ハンドブック』のデータより作成

図3-1　トヨタにおけるモデル数・登録台数の推移（乗用車）

出所）河野（1999）より引用

車種数の急激な増加は止まっている。Clark & Fujimoto（1991）が指摘した製品開発体制は、この段階において一応の完成をみたと考えることができよう。

　第一の特徴は、自動車の大衆化を支え、他社との競争を意識したメーカーの急速な車種展開であろう。トヨタの場合、1980年頃から需要を掘り起こすため、販売チャネルの新設と開発すべき新製品の開発モデル数の増大が製品開発組織に大きな影響を与えてきた。

　第二の特徴として、製品開発における並列化をあげることができる。日本メーカーでは、製品開発が同時並列的に行われており、開発情報が共有されていると考えられる。開発情報が共有される結果として、調整の必要性を減じ、製品開発効率を高め、開発期間をも短縮している。黒川（1998）は、日本メーカー、北米メーカー、欧州高級車メーカーの製品開発体制を示し、プロジェクト毎にオーバーラップが大きい点に日本メーカーの特徴があるとしている。また、延岡（1996）は、プロジェクト間のオーバーラップに注目し、プロジェクト間の知識移転の重要性を指摘している。

　第三の特徴として、日本メーカーの製品では製品コンセプトと製品の構造・特性・イメージとの一貫性に優れているといえよう。Clark & Fujimoto（1991）

は、製品開発の成功と失敗を分ける要因として内的統合と製品競争力に大きな影響を与える外的統合の重要性を指摘している[5]。

　第四の特徴として、日本メーカーと部品メーカーの協力的関係を指摘することができよう。欧米メーカーに比べて、日本メーカーに対する日本部品メーカーの製品開発への関与は高く、初期段階から部品メーカーが製品開発に参加している点に特徴がある（Clark & Fujimoto, 1991）。

　日本メーカーは、狭小な環境における激しい競争を生き抜くため、差別化した製品を他社よりも素早く展開する必要があるだけでなく、コンセプトとの一貫性や製品バランス、乗り心地を重視しなければならなかった。そのため、一定の技術を利用して、上手く差別化された製品コンセプトにそって効率的に製品を開発しなければならなかったといえる。これに対応して、日本メーカーは部品メーカーの利用、並列開発、これらを機能させる主査制度を持つにいたったと考えられる。主査は、製品開発情報の基準となるコンセプトを創り、情報共有の中心として機能している。

(2) 日本メーカーの製品開発体制の特徴

　日本メーカーの製品開発では、部品メーカーの製品開発への参加もあり、多くの意思決定や調整、立場の異なる多くの人々との製品開発情報の共有が求められる。日本メーカーでは、開発すべき車種の多さと製品開発作業の多忙さから、主査制度を中心とした製品開発体制が採られている。製品開発主査（主査）は、大きな公式権限を持たずコミュニケーションや説得によって、製品開発・製品の改良そして生産から販売までの広い責任を担っている。大きな公式権限を持たない主査が、幅広く複雑な問題を調整しえた背景には、これまでの製品開発における成功とそれによって作られた主査制度を中心とする製品開発体制に対する全社的な信頼があると考えられる。

---

[5] 外的統合とは、製品の機能、構造、ネーミング等と顧客の目的・価値観・要求との整合性である。内的統合とは、製品機能と製品の構造の整合性である。詳しくは、Clark & Fujimoto（1991）を参照されたい。

日本メーカーが採ってきた製品開発は、特に、グループ内では広く・深い開発情報を共有することによって開発の効率と質を高めてきたと言われている。Clark & Fujimoto（1991）は、トヨタにおける主査制度において、主査が製品コンセプトの創造とコンセプトの伝導という二つの機能を果たしていると指摘する。これらの機能を主査が果たすことで、エンジニア等があまり分業されずに製品開発が行われている。その結果として、比較的少ない人数で行われる日本メーカーの製品開発は、作業の質的向上と情報を共有するためのコスト（時間、資金、人員）を減じ、より効率的に製品を開発しえるという強みを持つと考えられる。製品開発の効率が注目を集めているが、製品開発費用だけでなく、製品開発期間が重要な意味を持っていたといえよう。製品の使用期間まで考えると、その間に製品が魅力を失わないでいることは必ずしも容易ではない。また、今日において消費者の趣向の変化は急速であり、製品開発期間の短縮は重要な課題になっている。しかし、より重要なのは、製品開発期間に対する組織能力の観点からの説明である。Clark & Fujimoto（1991）や延岡（1996）が指摘するように、多くの車種を抱えたメーカーが継続的に製品を開発することによってのみ、「迅速かつ少しずつ前進する戦略」や「平行技術移転戦略」を採りえたのである[6]。つまり、日本メーカーは、歴史的に製品開発期間（サイクル）を短縮することによって、急速なモータリゼーションに対応しただけでなく、素早く組織能力を蓄積して欧米企業を技術的にキャッチアップしえたと考えられる。

3.3　ビッグ3における製品開発の特徴

（1）ビッグ3が直面した環境と戦略

　周知のごとく、アメリカ自動車産業は世界で初めて大量生産やフルライン化を行い、その大きな成功によって長く世界のリーダーであった。しかし、アメリ

---

[6]「迅速かつ少しずつ前進する戦略」についてはClark & Fujimoto（1991）を、「平行技術移転戦略」については延岡（1996）を参照されたい。

カを代表するビッグ3（Ford、GM、Chrysler）も、日本メーカーの追い上げと環境の変化に直面して1980年からの数年は倒産の危機に直面した。その後、社運をかけた合理化や日本的な手法を取り入れることで、好況と相まって1983年から大きな利益を得ることになる。この利益は、景気循環のヘッジを目的とした多角化投資に向けられたが、全体として必ずしも成功したとは言えず本業への回帰が求められた[7]。具体的には、日本的な製品開発や生産を学び、1990年代にはこれを自らのものにしつつ情報技術をも活用していった。

　Chryslerでは、部品メーカーの絞り込みと製品開発への関与が見られる。その結果、開発期間の短縮や開発効率の向上も図られた。Fordでも、工場の統合・集約だけでなく早くから品質管理活動に注目し、生産部門の企業文化の変革に成功している。部品供給に関しても、内製化率を引き下げるとともに、開発力を持った部品メーカーへの絞り込み・製品開発への関与が始められている。GMは、80年代前半の組織変革に出遅れ90年代前半には倒産の危機に直面した。NUMMIプロジェクトにおけるトヨタとの交渉役を果たしたJ.スミス（Smith）氏は、企業文化や部品メーカーとの関係がGMとトヨタで大きく異なることに気づき、組織変革の推進者として活躍してきた。欧州においては部品メーカーの絞り込みと域内分業の実現、北米部品部門では内製化率の引き下げとともに外販の拡大を目指している。強力な権限を持っていた本社機構についても、パソコンネットワークを活用した大規模なホワイトカラーの人員削減がなされている。

(2) ビッグ3の製品開発体制

　日本的な製品開発を学ぶまでのビッグ3は、基本的に機能部門別組織によって逐次的に製品開発作業を行っていたと考えられる。また、部品メーカーとの関係についても、敵対的ともいえるような関係であったといえよう。しかし、日本的な製品開発や生産システムが導入されると共に、製品開発体制と部品メーカーの関係が変化してきた。製品開発体制の変化として、①製品コンセプトを

---

[7] 詳しくは下川（1997）を参照されたい。

重視した製品開発、②比較的少人数で行われる製品開発、③製品開発組織の大括り化に注目すべきであろう。

　Chryslerは、倒産の危機に直面しながらリストラを断行し、最も低いコストで自動車を作ることができる体制を実現した。製品開発に関しても、1981年にAMCを買収したことによって4輪駆動車の技術と開発効率の高い少人数で行う製品開発を修得し、機能部門主体の製品開発体制からコンセプトを重視する製品開発体制へ転換した。Fordも比較的早くリストラに着手しているが、トーラスの成功によって製品コンセプトを重視し、開発・製造・販売の柔軟な調整を可能にするチーム制が定着した。Scott（1994a）によれば、ワールドカー構想のもと、いくつかのプラットフォームを基にして、地域特性や新しいデザイントレンドに合わせた製品開発を迅速に行うため、デザイン作業をコンピュータネットワーク上で行う体制へと向かいつつある。GMにおいて興味深いのは、3DCAD・CAMの導入やブランドアイデンティティーを重視した製品開発への変革だけでなく、乗用車・トラックの2車両制の採用といった製品の大括り化を進めている点である。GMの成功は事業部制の歴史であり、これまで各ブランドの独立性は高く保たれてきた。しかし、部品の共通化による製品開発効率を高めるため、2車両制という製品開発体制の大括り化がなされたのである。

　ビッグ3で行われた劇的な製品開発組織の変革は、単純な日本化とはいえないかもしれないが、日本メーカーのパートナーなしに成しえなかったであろう。興味深いのは、低価格化や特定セグメントへ特化した戦略（Chrysler）、自社の世界戦略に基づいて自身の能力だけでなく他社の能力をダイナミックな組み合わせ（Ford）というように各社の戦略の特徴が際だっている点である。ビッグ3の3社は、製品開発の新機軸を打ち出すとともに製品開発に成功し、既存の企業文化の変革に成功している。人員削減や劇的な仕事の流れの改善等の大きな変化は、多角化では大きな成功を収めることができず、本業に回帰しなければ生き残ってはいけないという意識無くしては説明できないであろう。このような製品開発組織の変化と共に、下川（1997）は、部品調達のあり方も大きく変化していると報告している。特に、部品メーカーの絞り込みと同時に、部品メーカーの製品開発への関与の高まり、そして部品内製化率の引き下げが見

られる。

3.4 韓国メーカーにおける製品開発の特徴

(1) 韓国メーカーが直面した環境と戦略

　韓国の自動車産業は、1980年代の半ばから輸出の伸びとともに国内生産が急速に拡大している。主要な輸出先の一つが北米市場であったが、円高による日本車価格の上昇から韓国車の需要が急激に高まった。しかし、Consumer Reports（1994）で示されているように、価格は低いが故障率が高く、全体としての評価は必ずしも芳しくないものであった。当時の韓国メーカーにとっての戦略的課題は、品質改善や製品としての耐久性を向上することであった。品質の改善や耐久性を向上するためには、組立メーカーの製品開発だけでなく、部品産業全体の底上げが不可欠だといえる。実際に、部品メーカーの政策的系列化による育成が進められ、部品メーカーの絞り込みと製品開発への参加、発注情報のデータ通信も始められた[8]。その結果、生産の問題や技術上の問題をある程度解決し、製品開発が重視され始めたと考えられる。実際に、急速に品質が改善されているだけでなく、スペシャリティーカーを含むフルライン化をも達成している。

(2) 韓国メーカーの製品開発体制[9]

　北米への輸出が始められた1980年代は、技術開発投資と製品開発組織を本格的に拡充し初めた時期でもある。この時期の現代自動車では、品質の改善が戦略的課題であり、機能別組織による技術研究領域の細分化・専門化によって急速な組織能力の蓄積が図られた。結果として、その後開発された製品の品質は急速に高まっている。

---

[8] 詳しくは、小阪（1997）および小阪他（1997）を参照されたい。
[9] 本稿における韓国メーカーの製品開発については、丸山他（2000）に収録された金堅「韓国自動車メーカーの製品開発システム」を参考にした。

　1994年以降、コンセプトを重視した製品開発のために現代自動車では日本
的なマトリックス組織と主査制度を組み合わせた組織も導入されている。しか
し、主査の行動の側面に注目すると、必ずしも日本的な製品開発が行われてい
るとは言い難い。第1の理由は、開発すべきモデル数が少ないため、製品開
発期間を短縮しえる日本的な製品開発の重要性が強く意識されない。第2の
理由として、現代自動車が比較的低価格戦略に力を入れていることが指摘で
きる。特に費用が重視される小型車の開発において資材部門出身の主査が増
えているという事実からも、日本メーカーの主査の経歴とは若干異なっている。
第3の理由として、日本的な製品開発（組織能力）に対する評価（企業文化）が
定着していないからであろう。現代自動車における最も大きな成功は、1980
年代半ばからの生産・輸出の拡大であった。この成功によって、機能別組織に
よって行われる製品開発体制が現代自動車に定着し、日本的な製品開発の導
入を難しいものにしていると考えられる。主査を中心とする日本的な製品開
発では、公式的な権限に基づく調整・命令よりむしろ製品開発情報の共有やコ
ミュニケーションが重要な役割を果たしており、製品開発に関わる人々の行動
が製品開発パフォーマンスに大きな影響を与えている。機能別組織によって
行われる製品開発体制を変革するためには企業文化の変革が不可欠であり、
トップのリーダーシップだけでなく、Fordにおけるトーラスのような、社内でそ
の有効性が認められる大きな成功が求められる。

　韓国メーカーでは、規模の経済を享受するため生産量の拡大に力を注いで
きた。しかし、かつての日本メーカーと同様に、自動車輸入の自由化を目前に
して車種の拡大を図らざるをえなくなり、製品開発をより重視しなければなら
なくなったと考えられる。製品の質を高めるため、日本メーカーとビッグ3では
部品メーカーの開発力を活用しているが、部品産業に蓄積された能力が前提と
なっていることはいうまでもない。量的な拡大から製品開発への転換は、目に
見える部分だけでなく製品開発に関わる人々の行動や企業文化の変革が求め
られている。現代自動車と起亜自動車の合併や大宇とサムスンの事業交換に
よって韓国自動車産業が2社体制となり、大きな変化の時期であるといえよう。

3.5 まとめとして

　日本メーカーでは、製品開発情報の共有が重視され、比較的少人数で製品開発が進められてきた。自動車という製品の複雑さだけでなく、未だ顕在化していない製品コンセプトを具体的な形で実現するために、形式的な知識だけでなく曖昧な情報も含まれる製品開発情報の共有が求められた。その結果として、日本メーカーでは車種増加とワイド・バラエティ化によって製品開発組織の負担が増大しても、限られた人員で製品開発を行わざるをえず、あまり分業されず比較的少人数で製品開発作業を行わざるをえなかったと考えられる[10]。ビッグ3や韓国のケースでも、単純な日本化とはいえないであろうが、比較的少人数で製品コンセプト主導の製品開発が行われるようになってきている。同時に、ビッグ3や現代自動車でも部品メーカーの絞り込み、製品開発への関与、モジュール化への動きが見られる。世界的に最先発のビッグ3や後発の韓国メーカーでも日本的な製品開発体制の導入と部品メーカーの絞り込み・製品開発への関与が同時に進んでいる点に注目すると、製品開発体制には部品メーカーの協力が不可欠であると考えられる。なぜなら、「曖昧な情報」が含まれる製品開発情報の共有には、大きなコストが生じるため比較的少人数で製品開発を行うことが適切だからであろう。

　製品開発の効率化のため、情報技術と部品メーカーの製品開発能力が活用されている。ビッグ3では日本的な製品開発技法の上に情報技術を上手く組み合わせていることが分かる。かつての部品内製化率は大きく引き下げられ、部品メーカーの絞り込みと部品メーカーの製品開発能力を活用する体制を作りつつある。一方、現代自動車でも、未だに部品産業の脆弱さを克服したとは言い切れないであろうが、部品メーカーの絞り込みや製品開発への関与が見られる。しかしながら、特に市場が成熟化した欧米や日本市場においては、効率性

---

[10] 多くの日本メーカーでは、経営資源的な制約から少人数での製品開発を余儀なくされていた側面は無視できない。しかし、このような製品開発が組織的な有効性を持たないものであれば、トヨタで生まれた製品開発が欧米的な製品開発を採っていた日本の他メーカーに普及することはなかったであろうし、欧米にまで日本的な製品開発体制が導入されることはなかったであろう。

だけでなく顧客にとって魅力的な製品の開発が求められている。標準化されたビジネス・プロセスや情報に基づく製品開発だけでは、他社と異なる顧客にとって魅力的な製品を作り出す中核的組織能力を持つことは難しいと考えられる。これまで通り、メーカーが製品性能に大きく影響を与える重要な部品を手放さないことも一つの選択肢であるが、単なる系列外の取引という以上にネットワーク関係が広がりつつある。メーカーにとっても、厳しい世界的な競争に直面し、最も質の良いものを最も安く調達する体制が求められていることはいうまでもない。柔軟なネットワーク関係を前提にすると、むしろモノ作りに関わる組織能力を持つのは部品メーカーであり、組立メーカーではなくなるのかも知れない。

　日本メーカーは、自社の中核的な組織能力を向上しつつ、これまで以上に次の二つの機能・能力を強化するべきだと考えられる。第一に、先行技術開発、需要の探索、顧客への新たな提案、知名度やメーカーへのロイヤルティーを活かした品質保証や広告活動など市場志向の機能・能力である。第二に、開発から生産・流通まで、メーカーを中心にしたシステムを維持する機能・能力である。環境問題の観点からも全く新しい製品が求められていることを含めて、製品開発部門がこれからもさらに発展していくことが期待されている。具体的には、どのような組織能力をメーカーが担い、どのような能力を部品メーカーで高めるかという点だけでなく、製品コンセプトに対応した部品開発やコミュニケーションの使い分けが製品開発の正否に大きな影響を与えると考えられる。これら事例研究から、世界規模で活動する自動車メーカーが、世界市場という同一の環境に直面しながら、それぞれの歴史や組織能力・経営資源から大きな影響を受けて戦略の選択をしていることが明らかになった。

　近年では、ハイブリッド車を実現させ、燃料電池車までもが発売されている。これに加えて、自動運転を含めて、移動をサービスとして提供することも検討されている。国内での自動車販売は、鈍化しているが、こうした高水準の技術開発に向けて経営資源を集中して、革新的な技術の開発・普及に取り組むことが自動車メーカーに求められていると考える。技術開発に取り組みながら、どのように商品を差別化していくのかという点を今後の課題としたい。

参考文献

- Ansoff, H.I. *Corporate Strategy*, Harmondsworth: Penguin Books, 1965.
- Barney, J.B. *Gaining and Sustaining Competitive Advantage*, Second Edition, New Jersey, Pearson Education Inc（岡田正大訳『企業戦略論：競争優位の構築と持続上, 中, 下』ダイヤモンド社, 2003年）, 2002.
- Blank, S. & Dorf, B. *The Start up Owner's Manual: The Step-by-step Guide for Building a Great Company*, K & S Ranch, 2012（堤孝志・飯野将人訳『スタートアップ・マニュアル ベンチャー創業から大企業の新事業立ち上げまで』翔泳社, 2012年）.
- Chandler, A. D. Jr. *Scale and Scope: The Dynamics of Industrial Capitalism*, Cambridge, Belknap Press of Harvard University Press, 1990.
- Henderson, B. The Product Portfolio. The Boston Consulting Group, 1970.
- **Consumer Reports** ,Consumer Union of U.S. Inc. 1994, 1995, 1996, 1997, 1998.
- Clark, K. & Fujimoto, T. *Product development performance* Harvard Business school Press, 1991（田村明比古訳『製品開発力―日米欧自動車メーカー20社の詳細調査』ダイヤモンド社, 1993年）.
- Mintzberg, H. *Mintzberg on Management: inside our strange world of organizations*, Free Press, 1989.
- Osterwalder, A. & Pigneur ,Y. *Business Model Generation: A Handbook for Visionaries, Game Changers, and Challengers*, Wiley, 2010.
- Pascal, R.T. "Perspectives on Strategy: The Real Story behind Honda's success." *California Management Review*, 26 (3), 1984.
- Porter, M.E. Competitive Strategy, New York: Free Press, 1980.
- Hamel, G. & Praharalad, C.K. Competing for Future, Harvard Business Press, 1994.
- Scott G.K. "IMVP New Product Development Series: The Ford Motor Company" MIT, 1994a.
- Scott G.K. "IMVP New Product Development Series: The Chrysler Corporation" MIT, 1994b.
- Scott G.K. "IMVP New Product Development Series: The General Motors Company" MIT, 1995.
- Schein, H.E. Organizational Culture and Leadership, Jossey-Bass Inc., 1985（清

水紀彦, 浜田幸雄訳『組織文化とリーダーシップ―リーダーは文化をどう変革するか』ダイヤモンド社, 1989）.

・ Simon, H. A. *Administrative Behavior: A study of Decision-Making Processes in Administrative Organization*, Macmillan, 1947.

・ 有冨重尋「日本・西ドイツ・韓国 自動車流通比較」ナカニシヤ出版, 1987.

・ 加藤健彦・窪田光純「改訂版・韓国自動車産業のすべて」日本経済通信社, 1989.

・ 玄永錫「韓国自動車産業論」佐藤静香訳, 世界思想社, 1991.

・ 河野良治「日・米・韓 自動車メーカーの製品開発比較研究」『アジア経営研究学会誌』No.5, 1999.

・ 黒川文子「自動車産業における製品開発と意思決定」『日本経営学会誌』No.3, 1998.

・ 小阪隆秀「韓国自動車産業の成立と部品企業系列化」『情報科学研究』Vol.7,1997.

・ 小阪隆秀、松本芳男, 市田陽児, 岡室博之「韓国自動車産業における組立メーカー・部品企業間データ通信に関する調査」『情報科学研究』Vol.7, 1997.

・ 小川英次編「トヨタ生産方式の研究」日本経済新聞社, 1994.

・ 下川浩一『日米自動車産業攻防の行方』時事通信社, 1997.

・ 名城鉄夫・大熊和彦・田淵泰男「感性商品の開発管理」中央経済社, 1994.

・ 延岡健太郎『マルチプロジェクト戦略』有斐閣, 1996.

・ 藤本隆宏「部品取引と企業間関係」植草益編『日本の産業組織』有斐閣, 1995.

・ 水野順子「韓国の自動車産業」アジア経済研究所, 1996.

・ 丸山恵也他編著『比較研究 日韓自動車産業の全容』亜紀書房, 2000.

第4章

イノベーションに向けた経営戦略—クラスターの継続性に注目して[1]

　本章は、差別化戦略を有効に策定・実施するためにイノベーションを検討する。本章における筆者の主張は、これまでイノベーションが技術革新の側面に過度に焦点が当てられていたことを批判している。むしろ、社会実装されることを目指すならば、イノベーションがビジネスにおいて位置付けられる必要がある。イノベーションを論じた20世紀初頭Schumpeterは、需要が供給を上回るプロダクトアウトの時代に位置付けられる。しかし、組織の大規模化競争を経た今日では、供給が需要を上回るマーケットインの時代となり、先進諸国における消費者は多くの商品から自らの好みに合った商品しか購入しない。そこで、Hippelが指摘するように消費者ニーズを明確化し、消費者のニーズに合った商品差別化戦略が重要となる。継続的にイノベーションを創出しているシリコンバレー等ではクラスターが有効に機能している。消費者ニーズを満たす製品やサービスを生み出す際に、利他的な精神が概念化や技術的な困難を克服するのに役立っている。

[1] 本章は、「ビジネスモデル依存型イノベーションを前提としたクラスターに関する理論的考察」『高松大学紀要』第45号、51頁〜64頁（2006年）から引用したものである。本稿の執筆に際して、池田武俊氏（首都大学東京・現千葉商科大学）との議論から多くの示唆を得ている。記して謝したい。

4.1 はじめに

本章では、クラスターが形成・維持されるために、クラスターにおいてイノベーションがなぜ継続的に生まれるのかを検討し、ビジネスモデル依存型イノベーションという視点を理論的に検討する。

今日の日本では、バブル経済の崩壊後長く続いている経済不況の中で、新しい産業やイノベーションを継続的に生む基盤としての地域クラスターが脚光を浴びている。イノベーションを生み出す地域クラスターが注目を集めるのは、現在の企業競争が大きく変わってきたことに起因していると考えられる。

しかも、競争の激化によって収益性の高いビジネスモデルを独占できる期間が短くなる傾向がより強くなって、他社による自社の有効なビジネスモデルへの参入をいかに防ぐかという問題に多くの企業が苦心している。このような環境において、企業それ自体は長く競争優位性を維持することが難しくなっている。

ベンチャー企業は、限られた経営資源・組織能力でこれまでになかったビジネスプランを展開するというリスクの高い事業に挑戦しなければならない。ベンチャー企業は、自社の強みを活かせるビジネスプロセスに資源を集中する反面、それ以外のビジネスプロセスには他社からの支援を受けることが多い。中小企業でも、企業が群れとして相互に能力の不足を補っていることはよく知られている。経営資源・組織能力が比較的小さい中小・ベンチャー企業が多く生まれてくるためには、群れとして相互を補完する機能が必要であり、地域においてこのような機能を備えている事が求められる。

クラスターが新規事業やベンチャー企業をいかに育成できるかが、地域経済の趨勢を決するといっても過言ではない。これまで見られた産業集積も、新しい企業を生み育てる機能を備えていたが、自然条件や歴史的な偶然を源泉とするものであったと言える。一方で、いくつかのクラスターでは、新しいビジネスモデルに不可欠な研究成果やベンチャー企業の育成のために人為的な調整が行われている。我々は、クラスターにおける資源の動きを調べることによって、新しい産業群を人為的に生み出すことを可能にすると考える。

　実際に、巨大な国力を持つアメリカに次いで、天然資源だけでなく人口の乏しいフィンランドが経済的な国際的競争力において高く評価されている。その理由は、クラスターの存在とそこで先端的な研究と産学連携から生じるイノベーションが今日の経済において重要な役割を果たしているからだと考えられる。イノベーションは、一般的に、後に紹介するリニアモデルというイノベーション観から日本では「技術革新」と訳される場合が多い。しかし、後述するとおり本章では「新結合」という意味で用いることが適切であると考える。このようにイノベーションを広く定義することによって、ハイテク産業だけでなく、伝統工芸や社会的起業においてもイノベーションが貢献すると考えられる。より重要なのは、技術革新だけがイノベーションの源泉ではないとする見方をとることができる点にある。

4.2　イノベーションを生む 苗床としてのクラスター

　現在の環境において、一つの企業が単体で革新的な使用価値やUXを顧客に提供し続けることは難しくなっている。クラスターを形成する事は、革新的な企業の産業集積地を人為的に形成するという意味で、地域経済の活性化に大きな意味を持っている。クラスターの本質的な機能を解明することで、我々は新しい産業群を人為的に作るための第一歩を踏み出すことができる。この点に、地域クラスターが現在大きな関心を集めている理由があるのだと考えられる。

　地域における競争優位の議論として有名なのは、マーシャル（Marshall）とクルーグマン（Krugman）の貢献であろう。Marshall（1890）は、特定地域に産業が集積する事で生じる外部経済効果を指摘している。マーシャル（Marshall）の指摘する外部経済効果は、特定地域に特定産業が集積することで、関連産業の発達、輸送システムの発達、需要の創出、熟練労働力の供給といった環境変化がおき、環境変化を共有する企業は、競争優位性につながるプラスの効果を受けることができると指摘している。

マーシャル（Marshall）の研究を受けて、Krugman（1991）は、産業の地域集中を三つの要因（1. 特殊技能労働者の集積およびそれによる労働市場の形成、2. 地域産業に特化した中間投入材とサービスの入手可能性、3. 技術の波及）から説明している。これらの研究以外にも産業集積に注目した研究は、地域の天然資源を活用した産業集積が多く報告されてきた。産業集積の多くに共通する点は、自然条件や歴史的な偶然を源泉とする経済性であったといえる。産業集積にイノベーション概念を持ち込み「クラスター」と称したのがポーター（Porter）であった。

Porter（1990）は、クラスターを「ある特定分野に属し、相互に関連した、企業と機関からなる地理的に近接した集団である。これらの企業と機関は、共通性や補完性によって結ばれている」と定義している。そして、クラスターは、産業集積が経済性や効率性を意識した基盤であるのに対して、イノベーションを促進する社会的基盤として位置づけている。つまり、クラスターでは優れた研究成果が生まれ、これらを基にして地域の企業が消費者に対して新しい価値を提案し、結果として地域の経済を活性化させることができるのである。クラスターにおいて群として生まれる中小・ベンチャー企業等は、大学等の高等研

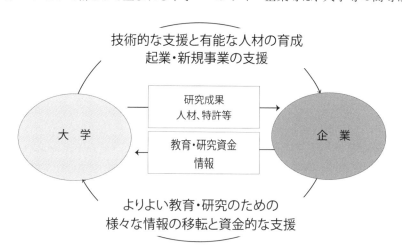

図4-1　地域クラスターにおける資源の循環

出所）経済産業省「知の循環」モデルを基に筆者作成

究・教育機関（以下大学等とする）と企業が共同することで革新的な商品・サービスを創造する。これが、イノベーションのための産学連携であり、イノベーションを生むというクラスターの本質的機能において重要な要素である。

　図4-1は、地域クラスターにおける資源の循環を理念的に示している。中小・ベンチャー企業にとって優れた人材は常に不足しており、大学等によって育成された優れた人材は地域企業にとって重要である。また、これまでにない価値を顧客に提供する事が出来るような研究成果は、大別すると二つの方法で現実のビジネスに活かされていく。第一の方法は、研究成果が既存の企業に受容されて商品化される可能性がある場合である。この場合には、大学等から技術移転機関を通して技術の受容能力が高い企業や移転される技術が既存の商品と関連性が高い企業に移転される。技術移転の最も顕著な成功事例の一つは、アメリカのスタンフォード大学と南カリフォルニア大学における研究成果であり、コーエン（Cohen）とボイヤー（Boyer）が発見した遺伝子組み換え技術に関する発見であろう。この事例は、大学が得たロイヤルティーの額としての大きさのみならず、バイオテクノロジー産業に不可欠な技術であり、新しいこの産業を生み出したことがより重要な意味を持っている。

　第二の方法として、魅力ある研究成果であっても受容する企業がない場合、いわゆる大学発ベンチャー企業が生まれる場合がある。この事例も枚挙にいとまがないが、スタンフォード大学からは、ヒューレット・パッカード社、シリコン・グラフィックス社、シスコシステムズ社、サン・マイクロシステムズ社等のベンチャー企業が輩出されている。

　この二つの選択肢の基盤として、優れた人材を育成する教育も重要な役割を果たしていることは言うまでもない。大学等が育てた優れた人材を含めて、大きな研究成果だけでなく学術的にはささいであると評価される支援でも、中小・ベンチャー企業にとって有効に機能した事例は、少なくない。例えば、1971年にドイツで地域企業の競争力強化を目的に設立され、経営・技術分野で欧州最大の産学共同事業体となったシュタインバイス財団[2]は、工学部の大学院生

---

[2] シュタインバイス財団は、地域経済の活性化や企業の競争力強化を目的に設立された機関である。その活動は、近年ドイツのベンチャーブームを支えながら、世界400拠点を持つまでに広がっている。

が地元企業の温度調整用バイメタルの改良に関わったことが設立のきっかけであった。

これまでの研究からもクラスターの形成要因は、いくつか指摘されている。第一に、ある種の危機感がその地域に共有されていることである。現在クラスターの代表的な事例として知られるシリコンバレー、産学連携によって国際競争力を高めたフィンランドのケース、前述したシュタインバイス財団等枚挙にいとまがない。危機感がなければそれぞれの既得権益を捨てて、企業・大学・政府が新しい協力関係を構築することは難しいであろう。Porter（1990）は、クラスターが多様であることを認めつつも、「政府は、競争優位を手にできる見込みを早めたり強化したり（その逆もあるが）できるけれども、優位そのものを創造する力はない」と述べている。また、Porter（1999）では、「ある立地における初期の企業形成は、起業家精神の産物である場合が多く、地元の状況の有利さで完璧に説明し尽くせるものではない」とも指摘している。つまり、政府は多様な機会を生かすべくクラスター形成の環境整備をする事はできても、主体としての役割を果たすことは十分にできないことになる。政府が十分な役割を果たすことができないとすれば、どのような主体がクラスターの形成において中心的な役割を果たすことができるのであろうか。

第二に、これまでの研究は、クラスターの形成について大学の果たす役割が大きいことを指摘している。Saxenian（1994）は、アメリカ西海岸のシリコンバレーと東海岸にあるボストン近郊の地域経済をそれぞれの歴史から論じているが、ヒューレット（Hewlett）氏とパッカード（Packard）氏という二人の院生の起業を助けたスタンフォード大学のターマン（Terman）教授をシリコンバレーの源泉として紹介している。東（2001）は、クラスターの形成において大学が持つ研究能力、人材を育成する能力、コーディネーター能力を高く評価している。

これらの研究が示しているのは、クラスター形成において大学等の役割は大きいが、政府や企業も有機的に調整を行いながら、地域の競争力を協力して形成し、継続的に競争優位を向上していくことが重要であると考えられる。Putnam（1993）は、地域におけるプレイヤーの多様さとその役割に関して、市民共同体度・社会的資本という概念を提示し、地域や市民が主語になる相互

作用として興味深い理論を展開している。Etzkowitz（2000）は、大学、政府、企業が必要に応じて、時に自分の役割を超えて活動することでクラスターが形成・維持されると指摘する。

　こうした議論を前提にして我々は、起業家や地域の中小・ベンチャー企業等の経営者が求める知識とイノベーションという社会的な基盤について経営学の視点から論じる必要があると考える。クラスターにおいて社会にとって有効なイノベーションが求められているが、その有効性の基準やイノベーションの有り様についてはどのように考えるべきであろうか。その答えは、イノベーションについての解釈にあると考えられる。そもそもイノベーションとは何なのであろうか節を改めて検討する。

4.3　イノベーションモデルを検討する

　財やサービスの本質は、その財やサービスが持つ使用価値や情報にあるが、これらが媒体無くして生産者から消費者に移転する事はできない[3]。この考えに従うと、これまでの多くの日本企業は、まさしく効率的な素材（媒体）への情報の移転としての「モノ作り」を重視しながら、「モノ作り」にかかわる組織能力を構築し、競争力の源泉としてきたと考えられる。しかし今日では、アジアを初めとする諸外国が比較的安価な人件費を活かして工業化を進めている。厳しい国際競争の結果として「スマイルカーブ」という言葉で知られているように、多くの日本企業は単なる製品の組み立てでは競争優位の源泉とはならず、新しい使用価値を顧客に提案することが必要になっている。今日では、これらの経営における環境変化によってイノベーションがこれまで以上に重要な意味を持つようになったと言える。

　シュンペーター（Schumpeter）（1927）は、起業家によるイノベーションを重視し、①新しい財貨、あるいは新しい品質の財貨の生産、②新しい生産方式、③新しい販路、④原材料あるいは半製品の新しい供給源の獲得、⑤新しい組織の実現、という5つにその類型を分けている。イノベーションは、時に技術

---

[3] 藤本（2003）は、様々な素材に使用価値や情報を移転する行為が生産であると指摘している。

革新と解されるが、本論文ではシュンペーター（Schumpeter）が定義している
とおり広く新結合の意味でイノベーションを用いることとする。

　筆者には、日本国内においてイノベーションが「技術革新」として用いられる
ケースが多いように感じられる[4]。そもそもビジネスモデルや経営は、科学や技
術と不可分な関係にあり、両者を独立して語るべきでないと考える。世界最先
端の科学技術を活かしたビジネスモデルは、消費者にこれまでにない新しい使
用価値・UXを提供できる。加えて、こうしたビジネスモデルに触れられる企業
も限られるので模倣の可能性は下がり、特許を中心とした知的財産権を獲得し
て参入障壁を構築できる可能性も高い。先端的な科学技術を活かしたビジネ
スモデルは、消費者に受け入れられると、収益性の高さのみならず、知的財産
権によってビジネスモデルが保護されるなど、事業としての魅力が大きい。も
ちろん、知的財産権以外にもビジネスモデルを守る方法はあるが、ヤングレポー
ト以後アメリカがプロパテント政策に転換し、こうした変化が世界に波及する
と、自社のビジネスモデルを守る手段としての知的財産権は、近年より使い易
いものになった。知的財産権は、競争優位の源泉でありながら同時に事業を守
る強力な盾ともなる。

　知的財産権を獲得するためには、出願の質とスピード（先願主義）が重要と
なる。このことは、必ずしも企業の規模や蓄積してきた能力が勝敗を決する決
定的な要因ではないことを意味する。その代表的な事例が、大学等との産学
連携とこれに基づくベンチャー企業である。ベンチャー企業は、小規模の組織
でありながらも、イノベーションの担い手として起業家の構想を時に実現する。
多くのベンチャー企業は、ある部分で大きな強みがあるとしても、創業時には
経営資源・経営能力については脆弱である。小さなベンチャー企業がイノベー
ションを達成することで、新しい価値を消費者に提供し、今までにないビジネス
モデルを展開して時には大企業へと成長していくのである。

---

[4] 同様の指摘は、三箇山（2003）にも見られる。

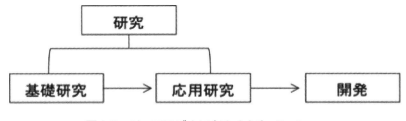

図4-2　リニアモデルによるイノベーション

出所) 森他 (1978) を筆者一部加筆

　図4-2は、リニアモデルによるイノベーションを示している。リニアモデルは、最も一般的なイノベーションのモデルであり。森他 (1978) は、研究開発を「基礎研究」、「応用研究」、「開発」の三つの段階に分けている。ここで示される「基礎研究」とは、大学の理学部で行われるような純粋基礎研究を意味する。「応用研究」の段階では、基礎研究で見出された自然法則の産業上の応用が検討される。「開発」の段階で、市場性、採算性、自社との適合性が検討されるとしている。このように、リニアモデルによるイノベーションは、基礎研究を重視しており、世界最高水準の基礎研究に成功すると基礎特許を獲得することを可能にし、さらに画期的な素材に関する製法特許などの関連する特許が獲得できると、合法的に長期間独占的な利益を得ることを可能にする。つまり、リニアモデルによるイノベーションは、科学的知識がイノベーションの本質であると主張しているのである。

　Rosenbloom & Spencer (1996) は、リニアモデルによるイノベーションの起源をデュポン社から1939年に発売されて以降1990年までに巨額の利益を稼ぎ出したナイロンの成功に求めている。第2次世界大戦において科学が果たした役割と相まって、ナイロンの成功は、基礎研究から得られる科学的知識がビジネスとしての成功につながるリニアモデルというイノベーションのモデルを世界中に普及させたのである。換言すれば、ナイロンという成功事例から、世界的な基礎研究は重要な製品の開発につながるだけでなく、知的財産権による市場の独占を可能にするという教訓を世に与えたのである。アメリカの繁栄とナイロンの成功は、世界に広がり、リニアモデルというイノベーションのモ

デルが世界に普及し、一般的なイノベーションのモデルとして定着したと考えられる。

　最もよく知られているイノベーションのモデルはリニアモデルなのだが、現実にはまれなケースであると考えられる。Rosenbloom & Spencer（1996）は、リニアモデルによるイノベーションについて「この見方は、ある一つの過程の抽象化だが、この過程はたぶん、組織における技術革新の過程の代表例には一度もなったことはないはずである」と批判している。リニアモデルによらないイノベーションは、上述の指摘のみならず、実際的なイノベーションに関する研究において散見される。例えば、Hippel（1994）は、イノベーションを創出するために技術的進歩とユーザー情報のそれぞれを取り込んでいくことが重要であると述べている。同様に、沼上（1999）では、液晶ディスプレイの開発事例において、多様な参加者の相互的なコミュニケーションが重要であると指摘している。また、Clark & Fujimoto（1991）では、日本の優れた自動車組み立てメーカーは、顧客のニーズを製品品質に展開するため、部品メーカーが持つ能力を活用していることを明らかにしている。これらの研究は、実際のイノベーションを忠実に記述しようとするならば、リニアモデルでは十分に説明できない場合が多いことを示している。

　明確に定義することは難しいが、科学的知識・技術的知識の両方の蓄積が乏しい時代においては、基礎研究等を奨励して知識の蓄積を形成し、研究開発を担える人材を育成することが重要である。加えて、基礎研究の研究成果や周辺の技術がシナジー等を引き起こし、技術の波及効果を重視するならばリニアモデルの有効性を否定することはできない。しかし、今日では比較的安価にビジネスに大きな影響を与えるような科学的知識は掘り尽くされてしまったとする意見もある（Horgan,1997）。また、今日の環境問題等は、科学の進歩が人類の幸福には必ずしもつながらないことを示しているのではないだろうか。これからの科学には、これまでよりも幅広く人間の幸福や社会のニーズに準拠していく側面がより強く求められており、新しいイノベーションのモデルを模索する必要があると考えられる。

　図4-3はKline（1990）が提唱した連鎖モデル（The Knowledge Interface of

研　　究				
科　学　的　知　識				
技　術　的　知　識				
市場の発見	総括設計	詳細設計および試験	再設計および生産	販売およびマーケティング
フィードバック				

境界面

図4-3　The Knowledge Interface of Technology and Science

出所) Kline (1990) より引用

Technology and Science) を示している。連鎖モデルでは、市場の発見から始まり、総括設計、詳細設計、再設計および生産、販売およびマーケティングが行われると想定されている。

　リニアモデルによるイノベーションと連鎖モデルによるイノベーションを比較すると次のような相違点がある。第一に、連鎖モデルのイノベーションは、どの段階からイノベーションが始まることもあり得ると指摘している点に大きな特徴がある。つまり、イノベーションが基礎研究のみに起こるとするリニアモデルによるイノベーションとは対照的に、すべての段階でイノベーションが発生する可能性がある。第二に、基礎研究から一方向的に情報が流れるリニアモデルによるイノベーションと異なり、販売およびマーケティング活動からそれ以外の段階へと重要なフィードバックが見られる。第三に、科学的知識と技術的知識を区別し、イノベーションの過程では、そのコストの大きさと不確実性から研究から生じる科学的知識よりも、蓄積され利用可能な技術的知識を活用することをまず考える傾向があることを指摘している。この指摘は、二つの意味を持っていると考えられる。第一の意味とは、基礎研究によって得られる科学的原理の発見等の科学的な知識と同様に、生産技術や地域・人間に蓄積された技術的な知識がイノベーションにとって重要である。第二の意味とは、科学において新しいパラダイムが導出される新しい現実は、科学的知識と技術的知識の境

界面において現れることを示していると考えられる。

　事実として、近年の日本では、世界最高水準の研究と科学的知識が蓄積されてきた。一部の企業は、数十年にわたって世界最高水準の競争優位性を維持しており技術的知識の蓄積が高い水準にあることを示している。その一方で、大学等でなされる研究が、企業等で十分に活かされないために、経済の活性化に貢献していないという指摘もある。これからクラスターをより有効に機能させるためには、リニアモデルのイノベーションから脱却する必要があるのではないかと考える。

　非常に高度な技術革新であったとしても企業が生み出す商品は、結果的に消費者にとって十分な使用価値や情報を提供する事こそが重要であると考える。本章ではイノベーションを新結合として広く定義しているが、消費者のニーズと科学・技術知識が結びつくことがイノベーションの普及には不可欠となる。Hippel（1994）が提示した「情報の粘着性」は、この意味で重要な概念である。「情報の粘着性」とは情報を移転に要する費用の大きさで計られるが、ともに「情報の粘着性」が高い消費者ニーズに関する情報と科学・技術知識が相互作用することが不可欠であると指摘している。リニアモデルでは基礎研究等の科学的な研究成果がイノベーションを牽引すると仮定されているが、本章の視座として、蓄積された科学技術や周辺の知識と市場情報が相互作用する事で製品が作られるイノベーションの新しいモデルが必要であると考える。筆者は、ここでビジネスモデル依存型イノベーションを提案したい。これは、技術知識が生まれる場所は一定でも、市場ニーズというコンテクストにおいて技術知識が製品・サービスとして解釈される事でイノベーションが実現・普及すると考える。つまり、技術知識の要求水準はクラスターに参加する人々が創造するビジネスモデルによって決定されるという意味で、イノベーションがビジネスモデルに依存しているのである。

　これまでの議論から、科学・技術知識と市場の情報解釈のプロセスとして製品開発が行われるビジネスモデル依存型のイノベーションモデルを提案した。中国を初めとするアジア諸国にも科学技術の重要性が認知されている現在、今後は科学的知識の競争や蓄積は競争上の決定的な優位とはなりえないので

はないかと考えられる。最先端の科学的知識は、将来の競争優位につながる可能性もあるが、価格や品質の安定性等の問題から必ずしも市場のボリュームゾーンを担うことにはつながらない。

　今日において、ある程度高い科学的知識とモノ作り能力を備えることが、競争に参加するための必要条件であり、新しい使用価値や情報を消費者に提案することが企業の競争として求められる。科学・技術知識が世界の主要な地域に蓄積されていることは競争の前提である。短期的な視点から競争優位の源泉は、いかに消費者ニーズと科学・技術知識を相互作用させるのかという課題に地域として答えることにあると考えられる。このような問題意識では、提案されるビジネスモデルの質と量は、クラスターが地域に有意義であるか否かを決する重要な要因である。しかしながら、これまでのクラスターに関する研究成果は、消費者ニーズと科学・技術知識の相互作用をどのように実施するのかについて十分な記述はなされていない。クラスターの本質的機能がイノベーションであり、リニアモデルによるイノベーションをごくまれなケースであると位置づけるならば、消費者ニーズと科学・技術知識が相互作用する場がクラスターには不可欠であると考えられる。そのひとつの有り様が、社会的ニーズと問題を解決する手段としての商品を実現するための情報を持った地域の中小・ベンチャー企業、幅広く・深い科学・技術知識が蓄積しているだけでなく豊富な人的資産を抱える大学が共同する産学連携であると考えられる。欧米諸国だけでなく今日の日本でも、産学連携が政府による環境整備によって定着しつつあるのが現状であり、そこには企業にとって産学連携によるメリットが存在していると考えられる。

4.4　ビジネスモデル依存型のイノベーションモデルから見たクラスター

　これからの日本で中小・ベンチャー企業は、生き残っていくために、イノベーションに基づく競争優位を持たなければならないと考えられる。イノベーションが発生する基盤としてのクラスターは、社会的ニーズと技術が相互作用する

場であるといえる。問題は、クラスターの本質的機能であるイノベーションをどのような視点から捉えるのかという点にある。リニアモデルというイノベーション観からみたクラスターは、科学が発展すればクラスターが有効に機能することとなる。このイノベーション観は、科学的な研究がイノベーションにつながるという因果関係の分かり易さをともなって、イノベーションに関する唯一の著名な成功事例として普及した。しかしながら、リニアモデルのイノベーションは、実際にはまれなケースであり、クラスターにおけるイノベーションの中心的役割を期待することはできない。我々は、リニアモデルのイノベーションに対して、ビジネスモデル依存型のイノベーションモデルを提案してきた。ビジネスモデル依存型のイノベーションを前提として、クラスターが機能していくためにどのような要素が重要なのであろうか検討していきたい。

　その一つが、大学等から企業へという矢印が一方向にあるだけではなく、優れた人材や研究成果が再生産されるべく企業から様々な支援や情報が研究・教育の現場にもたらされる矢印が地域クラスターの存続に決定的な意味を持っていることを指摘したい。クラスターが有効に機能するためには、優秀な人材、有効なビジネスプラン、研究成果が求められることは前述のとおりである。しかしながら、今日の技術進歩の速さと現在の熾烈な企業競争の結果としてビジネスモデルが比較的短い時間で陳腐化する傾向が強まっている。有効なビジネスモデルであっても寿命が短いことが予測されるため、優れた人材と事業化できるような研究成果は、継続的に生み出される事が求められる。

　クラスターの典型的な事例として知られるシリコンバレーの発生源泉の一つは、スタンフォード大学においてヒューレッド・パッカード社起業のきっかけを作ったターマン（Terman）教授にある。その後、シリコンバレーでベンチャーブームの引き金になったのはヒューレットパッカード社の社長を務めるヤング（Young）氏の報告書であった。1985年に提出されたいわゆるヤングレポートとは、レーガン政権の下でヤング（Young）氏が委員長を務めた産業競争力についての大統領委員会の報告書であった。ヤングレポートによってアメリカがアンチパテントからプロパテント政策に方向転換したことは前述の通りであり、さらに重要なのは人的資源の開発が提言に含まれていた点である。日本で

もビジネスモデルが構築できるような実務能力を備えた新しい人材が求められていると考えられる[5]。産学連携は、単なる研究開発活動ではない、優れた人材を育成する場を作ることでもあるのだ。

　一方で日本に目を向けると、研究開発への支出額はアメリカに次いで2位であり、居住者に与えられた特許件数（2002）については1位、公表された科学論文の数（2001）では2位であった。しかしながら、日本における大学教育の経済競争力への貢献は56位と評価されている。これらのデータを見ると、日本がリニアモデルをイノベーションの理念型にしていることを示していると解釈できる[6]。

　長期にクラスターが存続するための論理としては、生物における動脈と静脈をイメージするべきだと考える。クラスターが継続して群れとしての中小・ベンチャー企業等を集積する機能を維持するためには、イノベーションが継続的に生み出される必要がある。そのためには、優れた人材や研究が生み出される過程だけでなく、優れた人材や研究成果を継続的に再生産する基盤が強化される必要がある。本章においては、金銭だけでなく優れた研究と人材を再生産する仕組みがクラスターにおいて決定的に重要であると考え、これを「産学連携による戻りの効果」と呼びたい。クラスターにおいて資源が利用されるだけであればいつか資源は枯渇し、イノベーションを生み出す基盤の力が失われる。河野（2008）は、「産学連携による戻りの効果」によって大学等にはこれまでになかった知識や技能が産学連携を通して獲得され、イノベーションが継続的に生まれる基盤を構築すると報告した[7]。具体的には、産学連携が行われる

---

[5] 地域の企業は、実践的な経営教育を行うために積極的に参加する事が求められるのである。2005年度のIMDの発表によれば、産学連携において高い評価を得ているフィンランド（1位）、イスラエル（2位）、アメリカ（3位）は、大学教育が経済の競争力に貢献している（フィンランド（1位）、イスラエル（2位）、アメリカ（4位））。ちなみに、日本の産学連携は29位にランキングされている。筑波大学で産学連携を担う国際産学連携本部は、起業家教育に取り組み、一定の成果を挙げている。

[6] ちなみに、日本の基礎研究による長期的な経済発展への貢献度については11位であるが、日本の教育に対する公的な支出は60ヶ国中53位と非常に低い。

[7] 河野（2008）は、「産学連携の戻りの効果」として物理学者である堀切川一男教授（東北大学）が、多くの産学連携事例を経験して中小企業の経営についての熟達者としての知見を得た事例を報告した。

ことで、ある種の情報交換が行われて新たな資源が獲得され、イノベーション
につながる資源が獲得されると考えられる。

4.5 まとめとして

　これからの日本で企業が生き残っていくためには、企業群としてイノベーショ
ンに基づく競争優位を持つことが求められている。そのために、イノベーション
が発生する社会的基盤であるクラスターを企業が参加して形成しなければなら
ない。科学的・技術的知識が高度に蓄積しつつある今日の日本では、新しいイ
ノベーション観が必要であり、我々はビジネスモデル依存型イノベーションを検
討した。ビジネスモデル依存型イノベーションから見たクラスターには、「産学
連携による戻りの効果」や実践的な人材の育成が重要であるとの視点が得られ
た。特に、顧客ニーズとその利益につながる新しい商品開発や新しいビジネス
モデルを展開できるような実践的な起業家能力をいかに地域として育成するか
という点は、学校だけでなく、政府や地域企業の協力が必要となる。つまり、ク
ラスターにおいては、利他的な考え方が重要な意味を持つこととなる。
　これらの結論は、先行研究の整理と理論的な考察から引き出されたものであ
る。したがって、今後の課題として、実証的な調査研究を進めて実態の把握と
理論を研鑽したいと考える。

参考文献 ||||||||||||||||||||||||||||||||||||||||||||||||||||||||||||||||||||||||||||||||||||

・ Clark, B.K. & Fujimoto, T. Product development performance Harvard Business
school Press, 1991（田村明比古訳『製品開発力─日米欧自動車メーカー 20 社の
詳細調査』ダイヤモンド社, 1993 年）.
・ Etzkowitz, H. *The triple helix: university-industry-government innovation in
action*, Routledge, 2000（三藤利雄他訳『トリプルヘリックス：大学・産業界・政
府のイノベーション・システム』芙蓉書房出版, 2009）.
・ von-Hippie, E. "'Sticky Information' and the Locus of Problem Solving:
Implications for Innovation" *Management Science* Vol.40, No.4 April, 1994.

- von-Hippel, E. *The sources of innovation* Oxford University Press. 1988.
- Horgan, J. *The end of science* Basic Books, 1996（竹内薫訳『科学の終焉』徳間書店, 1997年）.
- Kline, S.J. *Innovation styles in Japan and the United States cultural bases; implication for competitiveness*, Stanford university, 1990（鴫原文七訳『イノベーション・スタイル』アグネ承風社, 1992年）.
- International Institute for Management Development *IMD world competitiveness yearbook 2005* IMD, 2005.
- Krugman, P. *Geography and trade* MIT Press, 1991（北村行伸他訳『脱国境の経済学』東洋経済新報社, 1994年）.
- Chong-Moon, L., William, F.M., Marguerite, G.H., Henry, S.R. *The Silicon Valley edge: a habitat for innovation and entrepreneurship*, Stanford Univ Press, 2000（仲川勝弘監訳『シリコンバレー なぜ変わり続けるのか』日本経済新聞, 2001年）.
- Marshall, A. *Principles of economics*, Macmillan,1890（馬場敬之助訳『経済学原理 第2巻』東洋経済新報社, 1977年.
- Porter,M. E. *The competitive advantage of nations: with a new introduction* Macmillan Press, 1990.
- Porter, M. E. 竹内弘高訳『競争戦略論II』ダイヤモンド社, 1999年.
- Puntnam, D. R. *Making democracy work: civic traditions in modern Italy* Academic Internet Pub,1993（河田潤一訳『哲学する民主主義：伝統と改革の市民的構造』NTT出版, 2001年）.
- Rosenbloom, S.R. & Spencer, J.W. *Engines of innovation* Harvard Business School Press, 1996（西村吉雄訳『中央研究所の時代の終焉』日経BP社, 1998年）.
- Saxenian, A. *Regional advantage: culture and competition in Silicon Valley and Route 128* , Harvard University Press（大前健一訳『現代の二都物語』講談社, 1995年）1994.
- Schumpeter, J.A. *Theorie der wirtschaftlichen Entwicklung*, Duncker & Humblot, 1912（塩野谷祐一他訳『経済発展の理論』岩波文庫, 1977年）.
- 河野良治「起業教育の必要性について」『グローバリゼーションと現代企業経営 経営学論集第74集』千倉書房, 2004年.
- 河野良治「イノベーションが継続的に生まれるクラスターを形成するための理論

　的検討」日本経営学会, 第82回日本経営学会全国大会, 2008年.

・沼上幹『液晶ディスプレイの技術革新史』白桃書房, 1999年.

・東一眞『「シリコンバレー」のつくり方』中央公論新社, 2001年.

・藤本隆宏『組織能力構築競争』中公新書, 2003年.

・三箇山清他『産官学協同の比較研究』晃洋書房, 2003年.

・森俊治, 三木信一, 大橋岩尾『研究開発管理の理論と体系』丸善株式会社, 1978年.

第5章

イノベーションを実現する起業家人材育成[1]

　本章では、差別化戦略を実践する起業家の資質や特性に注目し、起業家のコンピテンシーを検討した。コンピテンシーとは、他に真似の出来ない核となる力とされているが、本文では高い業績を上げる人材が備える特性であると捉え、これを「知識」や「技能」とこれらを下支えする「価値観」や「自己モデル」との対応関係が重要であるとした。特に、起業家としてのコンピテンシーには起業家の心的特性と変革を起こすリーダーシップの特性の組み合わせが求められることを明らかにした。つまり、起業家のコンピテンシーは、顧客のニーズの実現、利便性向上などの利他的な効果を促進するリーダーシップの特性が必要であることを意味する。こうした理論研究から導出された起業家教育プログラムを二つのグループに展開したが、教育の受け手の立場の違いが異なる評価を生んだ。本文では、その理由について分析した。起業家教育では「技能」や「能力」を下支えする「価値観」や「自己モデル」の変革をも促すため、既存の「技能」や「能力」との心理的不協和が不安を生むと考えられる。この心理的不協和を軽減するためには、初年度などその後に学習の機会が多い時期から企業家教育を実施するべきとの知見を得た。

[1] 本章は、河野良治・岩田一哲稿「起業家教育についての一考察」『高松大学紀要』第51号、2009年、37頁〜64頁より引用している。この研究は、平成20年度科学研究費補助金 基盤研究（c）（課題番号20530379）によって助成を受けた研究成果の一部である。記して謝したい。本章は、河野良治（高松大学経営学部・現筑波大学）と岩田一哲（弘前大学・現三重大学）の共同執筆である。第3節を岩田が担当し、それ以外を河野が担当した。

5.1　はじめに

　世界的に、未来のビジネスモデルを構築することのできる人材をいかに育成していくかということが重要な課題となっている。起業家に対する世界的調査であるGlobal Entrepreneurship Monitorによれば、控えめに言っても日本において起業しようとする人材の数は、世界最低水準である[2]。イノベーションの担い手であり、こうした発見を事業につなげる起業家が少ないということは、新たなビジネスが少なく、経済が活性化しないことを意味している。

　日本は、多くの天然資源を持たない国でありながら、これまで経営に関した優れた人材を輩出し、科学・技術に関しても世界最高水準の国の一つに数えられてきた。しかし今日の日本企業に目を移すと、過去に成立したビジネスモデルを効率化して利益を絞り出すことに終始しているように見える。多くの企業が、時に正規従業員を非正規従業員に置き換えるなど人を安く使い、効率化して企業を存続させてきた。その結果としてデフレーションが起きていると説明することができる。経営を効率化することは、経営の重要な機能の一つではあるが、それだけに終始してしまえば未来はない。これから訪れる少子高齢化社会に対応するためにも、これまでに無い新たな事業を担う起業家人材を育成することは、日本にとって重要な課題となる。日本における労働人口の構成も変化し、起業家人材をどのように育成するべきなのかという観点から本章を展開する。

5.2　起業家教育の必要性について

　起業家教育を検討する前に、起業家とは何であるのか確認する。起業家（entrepreneur）について、Schumpeter（1912）は、起業家を「新結合（イノベーション）」によって現状から別の経済均衡へと推し進める存在として示した。

---

[2] GEMの調査によれば、2002年から2018年まで日本のEntrepreneurial Intentionsは世界最低の水準であった。詳しくは、GEMのHPを参照されたい。https://www.gemconsortium.org（検索日：2019/7/30）

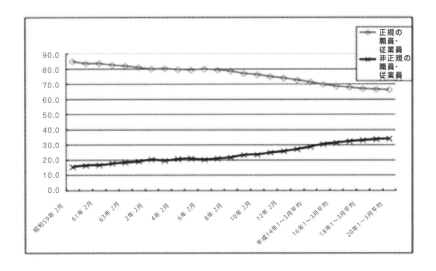

図5-1　非正規従業員の増加

出所）この図は、平成13年以前は「労働力調査特別調査」、平成14年以降は「労働力調査詳細集計」に
基づいて作成した。平成13年以前は2月、それ以降の年は1〜3月の平均値を用いて筆者作成。

ベンチャー企業の研究者として著名な柳（2004）は、ベンチャー企業を「高い
志と成長意欲の強い起業家（アントレプレナー）を中心とした、新規事業への挑
戦を行う若い企業で、商品、サービス、あるいは経営システムにイノベーション
に基づく新規性があり、さらに事業の独立性、社会性、国際性を持った企業」と
定義づけている。その上で柳（2004）は、起業家精神がベンチャー企業だけ
でなく、政府や地方公共団体、NPOなどでも不可欠であると論じている。こうし
た指摘は、社会的起業に関する今日の社会的関心の高まりを待つまでもなく、
先見性の高い指摘であったといえよう。
　図5-1は、雇用形態別の雇用者数を示したものである。調査が開始された昭
和59年当時には、パート・アルバイト440万人、契約社員・嘱託164万人の
非正規従業員が雇用者数の15.3％を占めていた。非正規従業員は、年を追う
ごとに増加し、平成20年1〜3月期には非正規従業員が雇用全体（5108万
人）の34.0％というこれまでになく高い数字を示している。

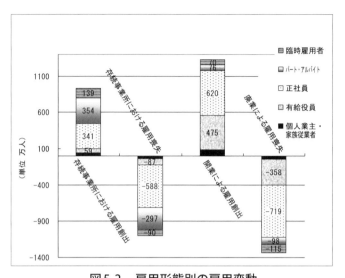

図5-2　雇用形態別の雇用変動

出所)『2007年版中小企業白書』第1-2-34図より引用

　図5-2は、1999年から2004年までの5年間で、開業による雇用創出が1325万人、廃業による雇用喪失が1334万人であり、純粋に9万人の雇用がこの5年間に失われたことを示している。事業所が存続していても、935万人の雇用が生まれる一方で1100万人もの雇用が失われている。事業所が存続していても約165万人もの雇用が失われたが、雇用の質にも注目しなければならない。事業所が存続するなかで失われた雇用のうち53.5％（588万人）が正社員であったが、創出された雇用のなかで正社員の占める比率は36.5％（341万人）に過ぎない。事業が存続する中で差し引き247万人の正社員雇用が失われ、106万人のパート・アルバイトや臨時雇用が生まれたことになる。開業による雇用創出に目を向けると、パート・アルバイトや臨時雇用が11％であるのに対して、正社員が46.8％、これに加えて有給役員が35.9％を占めている。この図から引き出せる一つの解釈は、正社員をパート・アルバイトや臨時雇用に置き換え、既存のビジネスモデルを効率的に運用する日本における経営のあり様である。これはかつて論じられた「リエンジニアリング」の発想である。リエンジニアリングの目的は、業務の無駄を省き、すべての業務プロセ

スを見直して顧客満足などの目的に向けて改善することである（Hammer & Champy, 1993）。はたして、リエンジニアリングの目的である顧客満足を追求できる従業員は、現代の日本で十分にその役割を果たしているのだろうか[3]。Hamel & Praharalad（1994）は、リエンジニアリングが他社の模倣でしかないと批判し、産業を創出し直すような能力がこれからの企業にとってより重要であると指摘する。こうした中核的な組織能力とこれを担う人材を明確化することなしに、組織をリストラクチャリングすることはナンセンスである。どのように組織の中核的能力を明確にし、育成することができるのかが、最も重要な課題だと考える。本章では、未来を根本的に見直して事業を創出できる能力を持った人材を「起業家人材」と位置づけ、次節でこうした人材を育成するためにコンピテンシーという概念から育成すべき人材像を明らかにする。

5.3　起業家のコンピテンシー

（1）コンピテンシー概念登場の背景

　コンピテンシーという概念の登場は、McClelland（1973）にまで遡ることができる。彼は従業員の能力を判断する際に、知能テストや適性検査などを用いた基準が、実際の職業、あるいは、職務遂行に対して必ずしも成果を予測するとは限らないと考え、コンピテンシーという概念を提示した。この概念を提示するにあたって、6つの原則を挙げ、コンピタンスという言葉を用いて概念提示を行った。コンピテンシーとはもともと「他人に真似のできない有能さ」であり、内発的動機づけ理論（ex.Deci,1975）などを鍵概念としているが、彼は、コンピテンシーを用いて、知能テストや適性検査に代わる新しい基準を作成しようと試みたのである。マクレランド（McClelland）が着目した方法とは、第1に、特徴的人材の比較を行うことであり、すでに成功を収めている人とそれほど成

---

[3] 筆者は、今日耳目を集めるブラック企業やバイトテロの遠因は、このような雇用形態だけでなく、教育を含めて議論されるべきだと考える。

功をおさめていない人たちを比較して、どの点に差異があるのかを探ることであった。第2に、成功結果に導く、現実に機能している考え方や行動を見つけ出すことであり、実際に成功結果に導かれる行動とは何かを探ることにあった。後にマクレランド（McClelland）はMcBer社を設立して、コンピテンシー分析の方法を確立させていった。

(2) コンピテンシーとは

　コンピテンシーに関する研究は非常に多くの視点から考えられ、多数の概念が提示されている。研究者やコンサルティング会社による手法にいたるまで、幅広く検討されている。大野（2006）は、**表5-1**のようにコンピテンシーについて、多くの定義をまとめている。

表5-1　コンピテンシーの定義

研究者	Boyatzis（1982）	動機、特性、技術、自己像の一種で、社会的役割、知識体系を含む個人の根源的特性
	Spencer（1993）	ある職務または状況に対して、一定の基準に照らして効果的に高い業績をもたらす根源となっている個人の根源的特性
	Mirabile（1997）	職務上の高業績につながる知識、技術、能力、その他の特性
	Lucia & Lepsinger（1999）	組織に対して効果的な貢献をもたらす者の知識。技術、行動を明示したもの
	Zwell（2000）	特定職務の業績を決定づける上で貢献する、永続的な特性または特徴
コンサルティング会社	ウィリアム・マーサー（1999）	組織内の特定職務にあって優れた業績をあげる現職者の持つ特性
	太田（1999）	ある状況または職務で高い業績をもたらす類型化された行動特性
	本寺大志（2000）	組織の成功につながる個人の成果、貢献を生み出すもととなる知識、スキル、行動特性
	ヘイコンサルティング（2001）	高いレベルの成果を安定的に出せる能力、その行動特性
	グロービス・マネジメント・インスティテュ（2002）	高いレベルの業務成果を生み出す特徴的な行動特性

出所）大野（2006）より引用

　コンピテンシーの多くの定義は共通項として、「高業績に結びつく特性」（加

藤, 2005) が指摘できる。したがって、具体的な行動そのものも重要であるがその裏に潜むその人独自の性格や傾向なども考える必要がある。

　次に、コンピテンシー研究において考えるべき内容、あるいはレベルを指摘したものとして、Boyatzis (1982) とSpencer & Spencer (1993) の研究がある。Boyatzis (1982) は、2000人以上の管理者に対して調査を行うことによって、コンピテンシーの抽出に成功した。この調査では、コンピテンシーを「動機、特性、技術、自己像の一種で、社会的役割、知識体系を含む個人の根源的特性」と定義し、コンピテンシーのレベルを以下の3つに分類した（**図5-3**）。

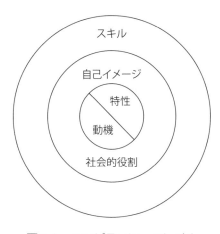

図5-3　コンピテンシーのレベル

出所）Boyatzis（1982）より引用

　第1に、特性や動機であり、この要因は自分では意識しないレベルのものである。第2に、自己イメージや社会的役割であり、自分で意識できるレベルのものである。第3に、スキルであり、具体的な行動に表れるレベルである。コンピテンシーとは、具体的な行動などで目に見えるものから、特性や動機などのような目に見えにくいものまでの非常に広い範囲を含む概念である。この概念をもとに調査を行い、平均的な業績や不十分な業績と優れた業績を持つ人々を区分できる特徴を挙げた（**表5-2**）。

表 5-2　高業績と低業績者のコンピテンシー

クラスター	コンピテンシー	必要最低レベルのコンピテンシー
目標・活動の管理	●インパクトへの関心 ●診断的概念の活用 ●効率的志向 ●プロアクティビティ	
リーダーシップ	●概念化 ●自信 ●口頭プレゼンテーション	●論理的思考力
人的資源管理	●グループプロセス管理 ●社会的影響力の行使	●正確な自己観察 ●前向き志向
部下の指揮命令		●育成力 ●自発性 ●対人影響力
他者志向	●客観的知覚 ●セルフ・コントロール ●スタミナと適応力	
専門知識		●専門知識

出所) Boyatzis (1982)、加藤 (2004) より作成

　この調査によって、コンピテンシー研究は、人事測定の対象としての位置づけを確立することとなった。Spencer & Spencer (1993) は、コンピテンシーを「ある職務または状況に対して、一定の基準に照らして効果的に高い業績をもたらす根源となっている個人の根源的特性」と定義し、コンピテンシーの氷山モデルを提示した (**図 5-4**)。

図 5-4　コンピテンシーの氷山モデル

出所) Spencer & Spencer (1993) より引用

それぞれのコンピテンシー要因は以下のように説明されている。

1. 動因：ある個人が行動を起こす際に常に考慮し、願望する、様々な要因
2. 特性：身体的特徴、あるいは様々な状況や情報に対する一貫した反応
3. 自己イメージ：個人の態度、価値観、自我像
4. 知識：特定の内容領域で個人が保持する情報
5. スキル：身体的、心理的タスクを遂行する能力

これらの要因の中で、知識とスキルは氷山の表層に位置し、比較的開発しやすい要因であるのに対し、自己イメージ、特性、動因は、氷山の底に位置しており、評価も開発も難しい要因であるとする。Spencer & Spencer（1993）も、Boyatzis（1982）と同様に、実際の調査に応用可能なコンピテンシー尺度の開発に注力し、6つのコンピテンシーの群（構成要素）に分類した。さらに、コンピテンシー群の各々の項目に、それぞれ行動の記述を記したコンピテンシー・ディクショナリーを作成した。それぞれのコンピテンシーは、職種によって必要となるウェイトが異なり、職種別のコンピテンシーが測定できるようになっている。Spencer & Spencer（1993）によって、職種別のコンピテンシー測定が可能となり、このことが人事コンサルタントによって職種別の人事評価基準を作成させる理論的基礎となる。

（3）中核人材としての起業家の仕事とコンピテンシー

コンピテンシー研究は、知能テストや適性検査に代わって、従業員の能力を判定する基準として援用されたことは既に述べた。ここで、なぜ本章で議論する中核人材としての起業家を教育するにあたって、コンピテンシー概念が必要であるかについて検討してみよう。

本章では、未来を根本的に見直して事業を創出できる能力を持った人材を「起業家人材」と位置づけている。起業家人材は、何らかの新たなモノ・サービス等を創出することを通じて、産業全体に貢献できる人材であると考えられる。ここで注目すべきことは、既存のモノ・サービスをより効率的に生産・販売できる人材ではなく、これまでは存在していなかったものを新たに創出するこ

とができる人材を念頭に置くべきである。コンピテンシー研究、あるいは、コンピテンシー人事制度の実践においては、スキルとコンピテンシーの違いが強調される。**図5-3、図5-4**にあるように、コンピテンシーは表面上に見える単なるスキルや知識とは異なることを強調している。また、職務遂行能力とも異なる。コンピテンシーの多くの定義をまとめて「高業績に結びつく特性」として示したが、この意味は、スキルや知識のように既に行ったことのある、あるいは既に理論として確立している事柄ではなく、新しいモノ・サービスを提示する場合は、これまでの知識やスキルが応用できない場合が想定される。この時に、スキルや知識を身に付けているだけでなく、どのようにそれらの知識やスキルを使って高業績になるように導いたかというその人の特性そのものが重要となる。英語の資格をたくさん取っていることよりも、実際に海外で英語を用いて自由に話せるかどうかの方が、実務的に重要である。同様に、職務遂行能力があるとしても、その能力がいつ発揮されるかは分からない、あるいは長期的に見なければ分からないということでは、意味がない。コンピテンシー評価が成果主義人事制度との関係で登場した理由は、職種別の短期の業績の評価と、その評価にかかわる職務遂行の方法を理解するためであった。したがって、起業家に必要な能力を検討するには、コンピテンシーのように、スキルや知識だけでなく、そのスキルや知識を用いて高業績を上げられる方法論や思考パターンを持っているかどうかが決定的な要素となる。

(4) 起業家に必要な要素

　起業家（Entrepreneurs）に必要な要素を研究したものは数多い。ただし、起業家のコンピテンシーとなるとあまりなく、日本における研究も同様である。したがって、起業家の能力に関する研究の文脈を用いて、コンピテンシーとの関連から起業家のコンピテンシーを考えたい。まず、欧米の研究では、起業家のコンピテンシーあるいは起業家に必要な要素を挙げる研究が存在する。コンピテンシー研究において、より実証的尺度に即した研究を進めたものに、前述のスペンサー＆スペンサー（Spencer & Spencer）の研究を挙げることができる。
　Spencer & Spencer（1993）は、起業家に必要なコンピテンシーとして、以

下の内容を挙げている（**表5-3**）。原著ではこれらのコンピテンシーの優先順位は記述されていないが、順序から考えた場合、達成重視、思考や問題解決、個人的成熟度などが重要な内容と考えられる。

表5-3　起業家の一般的なコンピテンシー

1.　**達成重視** 　●企業家精神（イニシアティブ） 　●事業機会の発見と行動 　●執念 　●情報の探索 　●質の高い仕事への配慮 　●労働契約への関与 　●効率性志向 2.　**思考や問題解決** 　●体系的な計画化 　●問題解決 3.　**個人的成熟度** 　●自信 　●専門的技術・知識・ノウハウ 　●自身の制約に対する認識	4.　**影響力** 　●信念 　●説得力のある戦略の利用 5.　**指示と統制** 　●断定的な明確さ 　●モニタリング 6.　**他者への指向性** 　●信頼性、誠実さ、正直さ 　●従業員の福利厚生に関する関心 　●仕事における関係性での重要さの認識 　●従業員を訓練する

出所）Spencer & Spencer（1993）より引用

　Boyett & Boyett（2001）は、起業家の伝記、自伝、インタビューの内容を検討する中で、起業家として成功したいのであれば、以下の基本的要件を満たさなければならないとして、5つの要件を挙げている。

　　①　失敗を受け入れる
　　②　金銭を目的としない
　　③　食らいついたら離さない、不撓不屈の精神
　　④　私生活を犠牲にする
　　⑤　自分の思い描いたビジョンを固く信じる

　ここでは、失敗を受け入れる度量を持ち、金銭以上の目的を追求し、執念に近いほどの精神力を持っていることが強調されている。したがって、自分の持つビジョンを達成するには、どんな失敗でも受け入れ、達成するまでやり抜く姿勢が重要である。

日本における研究では、起業家能力、あるいは起業家教育の文脈で起業家のコンピテンシーに近い内容が指摘されている。まず、起業家の能力を考える場合、従来日本企業において重要な役割を担ってきた管理職との比較から考えることで、起業家の能力を描き出す方法がある。大江（1990）は、日本における起業家と大企業管理職の特質に関する研究を行う中で、起業家と大企業管理職を判別する因子として、以下の4つを挙げている。

　①　正規の手続きによる意思決定より個人の判断を重視
　②　安全より成長を選ぶ
　③　支持基盤構造へのアクセス度が高い
　④　ネットワークへのアクセスが高い

　これらの内容を見てみると、より個人的な感覚を尊重しながら、成長できる方法を選び出し、自部門の外の他者とのつながりを重んじていることが理解できる。また、起業家の成功要因とは何かを検討したものもある。この研究は多くの研究者によって行われている。西田・大津（2005）は、アントレプレナーの特性と企業の業績との関係について、日本、アメリカ、中国のベンチャー企業に対して実証調査を行った。結果として、売上高の伸び率に関して、各国共通して「事業文化」との関係性が強く、過去3年間の平均利益率との相関では、日本とアメリカでは冒険心との関係性が強いのに対して、中国では権力動機との関係性が強かった。石田（2006）は、面接調査とアンケート調査を行い、起業家の成功要件を抽出した。面接調査の結果からは、高い志、目標達成への執念（こだわり）、仕事への深いコミットメント、変化の中に機会を発見する能力、よい人的ネットワーク、強運の6要因を挙げている。アンケート調査の結果からは、決断力、チャレンジ精神、目標達成の執念、高い志、忍耐力、人の縁、機会発見能力、リーダーシップ、好奇心、リスク評価能力を挙げている。ここでも、高い志、執念、仕事へのコミットメント、忍耐力などが指摘されており、その意味では、欧米の研究で導き出された特徴と類似する事柄は多い。佐藤（2006）は、成功した起業家に共通してみられるアントレプレナーシップの心理的特徴を分析し、好奇心、ポジティブ・エモーション、自己効力感を挙げている。好奇心の発現は不安の克服という条件が必要であり、ポジティブ・エモーションで

は高い希望を持ち、それが達成されるという希望の好循環があり、自己効力感
では、自分がその仕事をうまく行うことができるという「効力期待」を持つことか
ら醸成されるという。

　起業家自身の心理的特性に関する研究と並んで、起業家教育をどのように
行うかという視点からの検討も多い。鵜飼（2007）は、アントレプレナー教育
を実践する際に必要な能力をアントレプレナーモデルとして提示している。こ
のモデルでは、アントレプレナー予備軍の人々が、人格形成期から成長期に
わたって、事業性人格、事業感覚、経営知識、競争力、経済感覚を得るとする。
この中で、人格形成期から創業期については、経済感覚以外の要因を必要と
している。彼は、事業性人格と事業感覚をバランスよく訓練することが、アント
レプレナー教育にとって必要であると考えている。佐々木・小松・横溝（2007）
は、農業高校において、経営者能力をはぐくむための起業家教育を行う方法に
ついて検討し、起業家教育の核心として、リスク負担と失敗のチャンスを挙げ
ている。

　以上の調査結果を考察し、まとめる。これらの研究から、起業家に必要な要素
として、好奇心・冒険心を持って、失敗を恐れず、高い志・ビジョンを持ち、その
達成に対しては執念を持ってあたること、さらに、人的なネットワークを持ってい
ることも起業家の条件となるようである。次に、これらの要素をコンピテンシーの
研究文脈との関係から検討し、起業家のコンピテンシーとは何かについて仮説
を提示する。

(5) 起業家のコンピテンシーの構成要素
―起業家のコンピテンシーの仮説提示―

　起業家のコンピテンシーとは何かを考える上で、コンピテンシーの構成要素
を知ることは重要である。能力論とコンピテンシー論の明白な違いは、能力論
では「○○の能力がある」「○○力」などの言葉で代表されるようにより大まか
な内容を示すのに対し、コンピテンシー論では、具体的な職務行動に関する特
性を含めている点に特徴がある。

　多くの研究者・実務家がコンピテンシーの構成要素を導出しているが、もっ

とも代表的なのはSpencer & Spencer（1993）である。Spencer & Spencer（1993）が起業家のコンピテンシーについて論じていることは、既に示している。ここでは、前述の日本および欧米の起業家の能力に照らして、起業家のコンピテンシーの構成要素を検討する。**表5-4**は、Spencer & Spencer（1993）が指摘する起業家のコンピテンシーを構成する要素を示している。

表5-4　起業家コンピテンシーの構成要素（群と項目）

クラスタ（群）	項　目
達成とアクション	• 達成重視　• 秩序、クオリティー、正確性への関心 • イニシアティブ　• 情報探求
支援と人的サービス	• 対人関係理解　• 顧客サービス重視
インパクトと影響力	• インパクトと影響力　• 組織の理解　• 関係の構築
マネジメント・コンピテンシー	• ほかの人たちの開発　• 指揮命令 • チームワークと協調　• チームワーク・リーダーシップ
認知コンピテンシー	• 分析的思考　• 概念化思考 • 技術的／専門的／マネジメント専門能力
個人の効果性	• セルフ・コントロール　• 自己確信　• 柔軟性 • 組織へのコミットメント

出所）Spencer & Spencer（1993）および宇都宮（2003）より作成

　コンピテンシー・クラスタ（群）の中にクラスタ（群）を構成する項目があるが、ここでは項目の中のそれぞれの達成レベルが書かれている。前項までで示してきた起業家の能力や起業家教育の内容をその達成レベルの内容と対応させ、起業家のコンピテンシー項目を抽出しようと試みている。以下は、起業家のコンピテンシー・クラスタ（群）を説明するために重要な項目を示し、これを代表する尺度を提示する。例えば、「好奇心・冒険心」については、達成重視の中の「行動の強度と徹底さ」における7番目の評価尺度（A.7）から、「行動の強度と徹底さ」の内容が理解できる。
　「A.7 計算された起業家的リスクを取る。業績を向上させ、何らかの新しいこ

とにトライし、チャレンジングな目標を達成するために、際立ったリソースや時間を不確実な状況であっても投入する。他の人たちの達成では、部下が起業家リスクを取ることを励まし、サポートする」[4]

「リスクを最小に抑える」という部分は、失敗を恐れないということと相反する可能性もあるが、ある程度の失敗へのリスクを取りつつも、そのリスクを最小限に抑えることも考えていると解釈できる。

「失敗を恐れない」については、自己確信の中の、「失敗に対処する」を評価する2番目の尺度（B.2）がその内容を的確に示している。その内容は以下の通りである。

「B.2 自分の失敗から学ぶ。失敗を理解し、将来の業績を向上させるために自分の業績を分析する。」このレベルにスコアされるためには、その説明に是正の方法が含まれていなければならない。また「私は恥ずかしがり屋だから」とか「どうも注意が足りないから」といった性格特性に関する説明は、業績を向上させる明確な方法が含まれない限り、このレベルにはスコアされない[5]。

「高い志・ビジョンを持つ」については、チーム・リーダーシップの中の「リーダーとしての役割の強度」における7番目の尺度（A.7）を示すことが適切であろう。この内容は以下の通りである。

「A.7 人を動かすビジョンをコミュニケートする。本格的にカリスマ性を示し、人を動かす強力なビジョンを伝え、グループのミッションに対する興奮、熱情、コミットメントを生み出す」[6]

ただし、このレベルの実例は稀であり、観察や印象から推量されることが多いため、実際の行動のレベルに表れる事例は少ないかもしれない。

「達成に対して執念を持って当たる」については、達成重視の中の、「行動の強度と徹底さ」における8番目の尺度（A.8）が対応する。この内容は以下の通りである。

---

[4] Spencer&Spencer（1993）邦訳p.33、表4-1のA.7の項目より引用。
[5] 前掲書邦訳p.106、表9-2のB.2の項目より作成。
[6] 前掲書邦訳p.83、表7-4のA.7の項目より作成。

「A.8 起業家的努力を貫く。起業家的ゴールに到達するために、幾多の障害も乗り越えて、長時間にわたり懸命の努力を維持する、あるいは、起業家的努力を成功に導く」[7]

　以上、それぞれの項目を評価する尺度と対応させてみると、起業家にとって必要なコンピテンシーに関して、以下の内容が重要であると考えられる。

　　① 達成重視：特に、「行動の強度と徹底さ」
　　② 自己確信：特に、「失敗に対処する」
　　③ チーム・リーダーシップ：特に、「リーダーとしての役割の強度」

　以上の調査から考察すると、起業家にとって必要なコンピテンシーとは、起業家本人の心的特性と、変革を起こすリーダーシップの特性の組み合わせであると理解できる。したがって、これら3つの視点から、起業家のコンピテンシーを捉えることは、日本における起業家の能力に関する研究ならびに起業家教育の検討に有用であると考えられる。

　以上、起業家のコンピテンシーについて、既存研究の整理を行いながら、仮説的提示を行ってきた。次節以降は、中学生・高校生対象に行った起業家教育の事例とその際の調査をもとに、仮説の検証を行うこととする。

5.4　Let's Tryアントレプレナー事業の概要

　日本において、起業家人材の育成は重要な課題である。これまで、理論的背景から起業家のコンピテンシーについて仮説的に提示してきたが、起業家人材を具体的にどのように育成すべきなのであろうか。起業家教育プログラムの教

---

[7] 前掲書邦訳p.34、表4-1のA.8の項目より作成。

育内容の有効性を確認するために、「平成17年度Let's Tryアントレプレナー事業」でこれを展開した。この事業は、経済産業省四国経済産業局が主催で、高松大学経営学部がコーディネーターを務め、かがわ県民情報サービス株式会社が受託した事業である[8]。事業目的としては、ベンチャーに関連した情報に触れる機会の少ない小中高校生に、地域の企業の情報を発信することで、起業家精神を醸成することである。次のモデル校において、販売促進プログラムに商品開発プログラムを加え、受講者の年齢層や協力企業を選択し、事業を実施した（**表5-5**）。

表5-5　平成17年度Let's Tryアントレプレナー事業 参加校一覧

モデル校名	対象学年	受講者数	実施内容
高松市立古高松南小学校	5年生	62名	販売促進（体験レポート作成）
高松市立光洋中学校	2年生	77名	新商品開発
香川県立高松商業高等学校	3年生	22名	新商品開発
香川県立坂出商業高等学校	1年生	27名	販売促進（コマーシャル作成）
合　計		188名	

　なお、起業家を育成するという文脈では様々な年齢層を検討することが将来の進展につながると考えられる。しかし、本章では、起業家育成に重要な影響を及ぼす年齢層として、まず本格的なキャリア選択を経験していないと想像できる公立の中学生（2年生77名）に着目し、一方で対照例としてキャリア選択をしつつある商業高校（3年生22名）の学生を設定した。本章では、キャリア選択決定の前後における2つの学校で製品開発という同一の課題、同一の教材に基づいて同じ様に指導するよう配慮し、起業家教育プログラムとキャリアに関する意識に与える影響を調査した。この結果、本事例は、限定的ではあるが起業家教育プログラムが有効で、受講生が起業家のコンピテンシーを身につけ

---

[8] 地元の企業様にご協力いただき、こうした事業が実施できました。日プラ株式会社様、丸善工業株式会社様、高松信用金庫様、株式会社フェロー様、こうした企業をご紹介いただいた香川経済同友会と香川県中小企業家同友会の皆様のご協力に感謝いたします。

ると、効力期待が高まり、商品開発や企業と経営への関心が高まると考えられる、との知見が得られた。

　製品開発は、本来非常に幅広い活動の集大成であり、多くの企業では企業間ネットワークとしても行われている。その中で共通しているのは、顧客の要求をいかに実現するのかという点である。地元企業が作る製品の本質的機能を問い直し、セグメント化した顧客の要求を想定し、その要求にいかに応えるのかという課題を設定した。

　授業時間としては、12コマ（1コマ50分）を計画していたが、最後の発表に向けて準備のためにこれ以外の時間も要した。授業の中で強調したのは、セグメントとしての顧客を探索し、その顧客が商品やサービスに求めているニーズを明確化し、これを製品やサービスの特性としていかに作り込んでいくのかという点であり、こうした一連の経験を提供した。製品開発プロセスは、顧客の生活をシミュレーションすることであり、製品開発提案をするプロセスを経験することの重要性を強調した。

　具体的に、光洋中学は丸善工業株式会社（以下丸善工業）、高松商業は株式会社フェロー（以下フェロー社）から課題をいただいた。

　丸善工業は、現在プラスチックのバッグやうちわの製造を行う会社であるが、三谷社長からこれまでの会社の歴史や印刷技術を活かして紙の買い物袋からプラスチックの買い物袋へ事業が転換していったといったお話、製造工程、会社の現状についてのお話を伺った。その中で、レジ袋の有料化という新しい環境変化にいかに対応するべきかという課題が受講生との議論の中から生まれ、新しい買い物袋を提案するという課題が設定された。

　平成18年の9月6日から、6回（1日2コマ）の授業を実施した。中学校の先生方の熱心な指導もあり、70名を超える生徒がそれぞれのチームの提案を三谷社長に行うことができた。その中には、興味深く製品化に活かせそうな提案もあったと三谷社長からの言葉もあった。三谷社長から、あたかも製品開発を担当する従業員に対するような厳しい批判をいただけたことも、地元企業の方から高い評価を得た証であると考える。

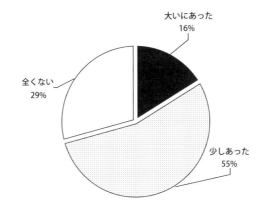

図5-5　苦労はあったか（光洋中学）

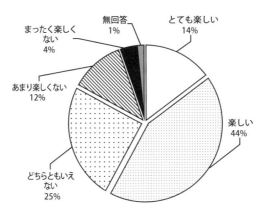

図5-6　プログラムの楽しさ（光洋中学）

　こうしたプログラムを経験して光洋中学の生徒は何を得ているのであろうか[9]。**図5-5**は光洋中学の生徒が苦労を感じたかを調べたものである。中学2年生が初めて経験する会社社長に対するプレゼンテーションは、これまで経験したことのない授業内容でもあり、多くのストレスを与えたであろうことは想像に難くない。**図5-6**は、プログラムを経験して楽しみを感じた比率を示している。

---

[9] 生徒の意識調査については、セルフウイング社が実施し、『平成17年度 創業意識喚起事業 Let's Try アントレプレナー事業報告書』に掲載された結果に基づいている。

		興味がない		どちらともいえない	興味がある		無回答
		全く	あまり		少し	大いに	
①自分で会社をつくって新しいビジネス（仕事）をおこす	事前	29.9%	39.0%	13.0%	14.3%	3.9%	0.0%
	事後	18.2%	23.4%	32.5%	18.2%	6.5%	1.3%
②大きな会社で社員として働く	事前	10.4%	16.9%	31.2%	35.1%	6.5%	0.0%
	事後	9.1%	15.6%	23.4%	39.0%	11.7%	1.3%
③親や親戚の仕事を継ぐ	事前	45.5%	23.4%	20.8%	9.1%	1.3%	0.0%
	事後	32.5%	27.3%	27.3%	9.1%	2.6%	1.3%
④会社の方向性を決めたり社員の働きやすさを考えたりする	事前	28.6%	28.6%	24.7%	16.9%	1.3%	0.0%
	事後	22.1%	19.5%	37.7%	16.9%	2.6%	1.3%
⑤会社の運営や企画の仕事をする	事前	18.2%	26.0%	26.0%	26.0%	3.9%	0.0%
	事後	20.8%	19.5%	29.9%	20.8%	7.8%	1.3%
⑥お客様に接して商品を売る仕事をする	事前	24.7%	23.4%	22.1%	22.1%	7.8%	0.0%
	事後	15.6%	15.6%	22.1%	33.8%	11.7%	1.3%
⑦お客様に売るための商品を作る仕事をする	事前	14.3%	9.1%	22.1%	31.2%	23.4%	0.0%
	事後	14.3%	14.3%	22.1%	31.2%	16.9%	1.3%
⑧お客様に自分の持っている技術や知識を売る	事前	20.8%	22.1%	36.4%	14.3%	6.5%	0.0%
	事後	11.7%	24.7%	22.1%	31.2%	9.1%	1.3%

図5-7　苦労の有無と取り組みの状況（光洋中学）

比較的楽しめなかった生徒が16％弱であるのに対して、とても楽しいまたは楽しいと回答した生徒が60％弱と高評価であった。**図5-7**を見ると、この授業に苦労を感じかつ授業をまったく楽しめなかった生徒が1人いたことが分かり、授業の実施者として非常に残念である。苦労の有無によって、とても楽しいと感じた生徒の比率は大きな違いはなかった一方で、苦労を感じた生徒の66％が楽しさを感じていた。

　このプログラムを通じて、生徒にどのようなキャリア意識の変化が見られるのであろうか。**表5-7**は、光洋中学の生徒についてキャリアに関する意識を授業の前後に調査したものである。全体としては、仕事をすることの実際的なイメージを与えるという点では、評価できるものであった。①自分で新しいビジネスをおこすという項目では、18.2％から24.7％へと上昇している。中立的な答えが20％近く上昇しているが、仕事の内容の厳しさを考えるならば仕方ないことなのかもしれない。④会社の経営や⑤会社の運営・企画も企業の中核的な人材の仕事として考えられるが、この事業を経験して大いに興味を持った生徒が増えている。同様に、⑧専門職として仕事をすることにも大いに興味を持った生徒が増えている。

　以上の調査より、光洋中学の事例では、新しいビジネスをおこす人材、会社の中でも中核的な人材、専門家として仕事をする人材への動機付けといった意

表5-7　キャリアに関する意識調査結果（光洋中学）

		興味がない		どちらとも いえない	興味がある		無回答
		全く	あまり		少し	大いに	
①自分で会社をつくって新しいビジネス（仕事）をおこす	事前	29.9%	39.0%	13.0%	14.3%	3.9%	0.0%
	事後	18.2%	23.4%	32.5%	18.2%	6.5%	1.3%
②大きな会社で社員として働く	事前	10.4%	16.9%	31.2%	35.1%	6.5%	0.0%
	事後	9.1%	15.6%	23.4%	39.0%	11.7%	1.3%
③親や親戚の仕事を継ぐ	事前	45.5%	23.4%	20.8%	9.1%	1.3%	0.0%
	事後	32.5%	27.3%	27.3%	9.1%	2.6%	1.3%
④会社の方向性を決めたり社員の働きやすさを考えたりする	事前	28.6%	28.6%	24.7%	16.9%	1.3%	0.0%
	事後	22.1%	19.5%	37.7%	16.9%	2.6%	1.3%
⑤会社の運営や企画の仕事をする	事前	18.2%	26.0%	26.0%	26.0%	3.9%	0.0%
	事後	20.8%	19.5%	29.9%	20.8%	7.8%	1.3%
⑥お客様に接して商品を売る仕事をする	事前	24.7%	23.4%	22.1%	22.1%	7.8%	0.0%
	事後	15.6%	15.6%	22.1%	33.8%	11.7%	1.3%
⑦お客様に売るための商品を作る仕事をする	事前	14.3%	9.1%	22.1%	31.2%	23.4%	0.0%
	事後	14.3%	14.3%	22.1%	31.2%	16.9%	1.3%
⑧お客様に自分の持っている技術や知識を売る	事前	20.8%	22.1%	36.4%	14.3%	6.5%	0.0%
	事後	11.7%	24.7%	22.1%	31.2%	9.1%	1.3%

味で本事業の効果があったといえる。

　高松商業は、フェロー社の古市社長から同社が開発した「コミュPEN」の新しい利用法を考えてもらいたいという課題を頂いた。フェロー社は、コンピュータソフトウェアの開発・販売をしている地元企業である。同社の開発した「コミュPEN」は、障害を持った人でも一般のキーボードを介さずコミュニケーションをとることができるイネーブルウエアの一つである。その仕組みは、紙に印刷された目に見えにくい位置情報をペン型のスキャナーによって読み取り、位置情報に対応するファイルをコンピュータが実行する。非常にシンプルであり、広い範囲で利用できる技術だといえる。高松商業の生徒は、この汎用性の広さに当初苦労していたように見える。

　高松商業への起業家育成プログラムは、平成18年9月15日から12月18日まで50分×12コマの授業から構成されている。生徒が行った提案について、フェロー社の古市社長は、高く評価していた。特に、「コミュPEN」という商品特

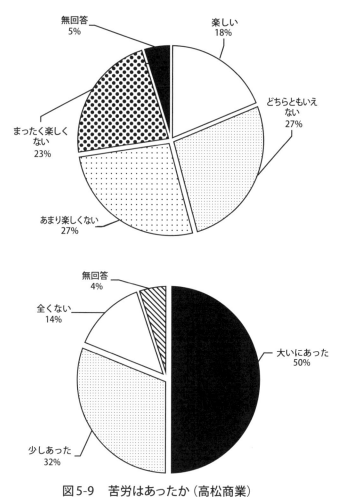

図5-8　プログラムの楽しさ（高松商業）

楽しい
18%

どちらともいえ
ない
27%

あまり楽しくない
27%

まったく楽しく
ない
23%

無回答
5%

図5-9　苦労はあったか（高松商業）

無回答
4%

全くない
14%

大いにあった
50%

少しあった
32%

性の理解、市場の絞り込み、想定される顧客ニーズの具体性等について評価し
ていた。
　図5-8は、プログラムに参加した生徒が楽しさを感じたかについての調査結
果である。残念なことに、とても楽しいと感じた生徒はおらず、楽しいと感じた
生徒も18.2％にすぎない。図5-9は、プログラムを経験して苦労を感じたかと

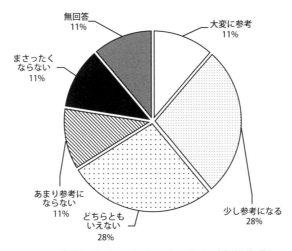

図5-10　職業選択上の参考になったか（高松商業）

いう質問に対しての調査結果である。おおいに苦労を感じたと答える生徒が50％と非常に高い値を示している一方で、まったく苦労を感じていない生徒は13.6％であった。高校3年生として企業の方に対して提案を行うのであるから、それなりのストレスを感じることは想像に難くない。しかし想定した以上に苦労を感じ、プログラムを楽しむことができていないことが分かる。

　図5-10は、このプログラムが職業選択の参考になったかという質問に対する調査結果である。どちらかというと参考になったと答える生徒が38％であるのに対して、どちらかというと参考にならないと答えた生徒が22％であった。

　このプログラムを通じて、生徒にどのようなキャリア意識の変化が見られるのであろうか。**表5-7**は、高松商業の生徒についてキャリアに関する意識を授業の前後で調査したものである。全体として、本プログラムは、仕事の実際的なイメージをより具体的なものにしたといえよう。この授業に参加した高松商業の生徒は、本授業を受ける前には②大企業での仕事を志向し（68.2％）、⑤会社の運営・企画（72.7％）、⑥販売（63.7％）、④会社の経営（54.5％）、⑦商品の製造（54.5％）、⑧専門職としての仕事（50％）に興味を持っていたといえる。この授業を受けて、キャリア意識について中立的な回答が増える傾向にある。

表5-7　キャリアに関する意識調査結果（高松商業）

| | | 興味がない | | どちらともいえない | 興味がある | | 無回答 |
		全く	あまり		少し	大いに	
①自分で会社をつくって新しいビジネス（仕事）をおこす	事前	13.6%	31.8%	18.2%	18.2%	18.2%	0.0%
	事後	18.2%	31.8%	27.3%	13.6%	4.5%	4.5%
②大きな会社で社員として働く	事前	4.5%	13.6%	13.6%	40.9%	27.3%	0.0%
	事後	4.5%	13.6%	27.3%	27.3%	22.7%	4.5%
③親や親戚の仕事を継ぐ	事前	40.9%	27.3%	13.6%	18.2%	0.0%	0.0%
	事後	36.4%	18.2%	18.2%	18.2%	4.5%	4.5%
④会社の方向性を決めたり社員の働きやすさを考えたりする	事前	0.0%	27.3%	18.2%	31.8%	22.7%	0.0%
	事後	0.0%	31.8%	36.4%	22.7%	4.5%	4.5%
⑤会社の運営や企画の仕事をする	事前	0.0%	13.6%	13.6%	40.9%	31.8%	0.0%
	事後	4.5%	31.8%	27.3%	27.3%	4.5%	4.5%
⑥お客様に接して商品を売る仕事をする	事前	4.5%	18.2%	13.6%	36.4%	27.3%	0.0%
	事後	18.2%	18.2%	27.3%	13.6%	18.2%	4.5%
⑦お客様に売るための商品を作る仕事をする	事前	0.0%	27.3%	18.2%	31.8%	22.7%	0.0%
	事後	18.2%	22.7%	22.7%	9.1%	22.7%	4.5%
⑧お客様に自分の持っている技術や知識を売る	事前	18.2%	13.6%	18.2%	27.3%	22.7%	0.0%
	事後	4.5%	4.5%	27.3%	45.5%	13.6%	4.5%

それは以下の4点である。①自分で新しいビジネスをおこすという項目では、36.4％から18.1％へと半減している。④会社の経営や⑤会社の運営・企画の質問項目についても、この事業を経験して興味を失った生徒が増えている。逆に、⑧専門職として仕事をすることに興味のない生徒が減り、少し興味を持ったと答える生徒が増えている。

5.5　事例の整理

　光洋中学と高松商業における起業家教育の事例から、中核人材としての起業家人材のコンピテンシーとの関係、これを育成するための起業家教育プログラムについて考察する。

（1）光洋中学校の事例の整理

　光洋中学校での事例における起業家教育プログラムは、中学生にとって新奇の内容であり、彼らにとって初めての経験であったと考えられる。いわゆる国

語・数学・英語・理科・社会等の科目の勉強とは異なり、何もないところから新たなものを生み出す作業であったといえる。この事例の中では、多くの生徒がプログラムを経験して、苦労を感じた。しかし、苦労を感じた生徒の66％（受講した生徒全体の45％）が楽しさを感じている。新しい何かを行う時に、苦労することは当然予測される。ただし、**図5-7**の結果から見て、この苦労した経験を楽しさに変えたと考えられる。

　起業家に必要なコンピテンシー項目について、達成重視、特に、行動の強度と徹底さを上げた。光洋中学の事例では、生徒自らが成果を出すことを追求し、この経験から苦労を感じた生徒の66％が楽しいと感じていた。このことは、達成重視のコンピテンシーとの関連が深いと考えられる。達成重視のコンピテンシーは、達成動機理論（McClelland, 1961）における達成動機（欲求）につながる。達成動機の強い人々は、職務を行う中で、何らかの基準を超えたい、成功したいという願望を強く持っている人々である。こうした人々は、挑戦的な仕事や仕事を通じての成長や仕事それ自体の実施に強く動機づけられる。したがって、苦労を感じた66％の生徒は、起業家教育という挑戦的な仕事を通じて達成動機が喚起され、この仕事を完遂することで達成重視のコンピテンシーを身につけたと考えられる。さらに、提供先の企業の社長から「興味深く、製品化に活かせそうな提案もあった」という言葉もあったため、達成動機がさらに喚起されたと考えられる[10]。

　達成動機理論をさらに発展させ、仕事そのものへの動機づけについて体系的な研究を行ったものに内発的動機づけがある（ex. Deci,1980またはDeci,1985）。デシ（Deci）は、内発的動機づけに関する3つの命題を提示している。その一つに、内発的動機づけを増大させる報酬と減少させる報酬があることが指摘されている。これは、報酬の情報的側面として知られるが、言語によって褒められることが内発的動機づけを増大させる例として指摘されている。社長の言葉によって、さらに、達成動機とともに内発的動機を喚起され、達成重視の

---

[10] 本来は、起業家として求められるコンピテンシーは、学生のそれと比較することはできないと考えられる。本章の事例では、起業家のコンピテンシーに近づいてはいるが、高いレベルまでは進んでいないと考えるため「醸成」という言葉を用いた。

コンピテンシーを得るに至ったと考えられる。ただし、このプロセスを経験できなかったために、楽しさを感じられなかった生徒もおり、十分であると結論付けることはできない。

　次に、仕事をすることの実際的なイメージについて確認する。事前と事後を比べて、①自分でビジネスをおこす、④会社の経営、⑤会社の運営・企画、⑧専門職としての仕事への興味が上がっている。これは、これまで職業イメージがあまり明確ではなかった中学生にとって、起業家育成プログラムが起業家的コンピテンシーを涵養したため、自分にとって好ましいと解釈するようになったと説明できる。つまり、起業家教育プログラムを経験して、起業家人材としての効力期待を得ることができたと考えられる。企業で働くこととは何か、またどのような働き方があるのかについての知識を得ただけでなく、自分には起業家人材として働くことができるとの自信を与えたのである。この意味で、中学生に対して職業意識を高めるために、今回のプログラムは有効に機能したと言える。

(2) 高松商業の事例の整理

　高松商業の事例は、中学生の事例とは逆の結果が出ているように思われる。全体として、苦労を感じた生徒が50％であるのに対し、苦労を感じていない生徒が13．6％であった。こうした事実は、苦労を感じた生徒が多くいたことを示している。問題なのは、苦労を感じた生徒がいるにもかかわらず、楽しいと感じた生徒は18．2％しかいなかった点である。このことは、高松商業の事例では、プログラムでチャレンジングな課題を与えられているにもかかわらず、課題そのものの遂行に動機づけられることは少なかったと言わざるを得ない。ただし、高校生によって作られたビジネスアイディアが、中学生が作成したものより劣っていたわけではない。むしろ実用化し得る程高度な内容であり、企業からも高く評価されるものであった。

　仕事の実際的なイメージについては、事前と事後を比べると、キャリア意識について中立的な回答が増えている。このことは、キャリアに対して迷いが生じている可能性が指摘できる。この授業は、高校3年生を対象として展開している。この時期の高校3年生は、進学か就職か、また、進学するとすればどの

大学・短大・専門学校か、就職するとすればどの企業かについての選択に迫られている。また、商業高校は普通高校と比べて、簿記、情報処理等に関する実務的な教育がより多い。このような状況の中で、起業家育成プログラムは彼らにとってより曖昧な課題であり、すでに決定している進路、あるいは、すでに習得している実務的知識との距離を生じさせることとなったと考えられる。その心理的な距離の表れとして、中立的な回答が増えたのではないだろうか。

　中学校の事例とは異なり、すでにキャリアの道筋がある程度確立している商業高校の生徒にとって、起業家教育プログラムは、自分が選択したキャリアに疑問を生じさせ、混乱させる要因として捉えられたと仮定すると、この混乱によるストレスが、楽しいと感じた生徒が少なかったり、職業選択の参考にならないと多くの生徒が答えたことに反映したと考えられる。プログラムから得られる知識や経験を自分のキャリア像として再統合していくためには、統合に向けてこれまでの知識や技能と新たな知識・経験を整理していく時間が求められる。担当した高松商業高校の教員は、今回のプログラムを高校3年生ではなく、より若い学年に対して実施すればより良いものになったのではないかとも指摘している。また、高校3年生にキャリア教育を施す場合は、より実際的な仕事に直結した内容の教育と関連付けると、満足度が高まり、効果的になるとの指摘も受けている。

5.6　中核人材としての起業家の コンピテンシーと起業家教育との関係

　起業家人材をこれからの中核人材として考え、中学校と高等学校において起業家教育プログラムを展開した。このプログラムの事例整理を行い、特に達成重視のコンピテンシーと、それに関わる達成動機、内発的動機づけとの関係を指摘した。ここで、起業家のコンピテンシー項目と起業家教育との関係を検討した上で、これからの起業家教育の方向性を考えてみたい。

　第1に、達成重視のコンピテンシー項目と起業家教育との関係である。光洋

中学の事例では達成重視のコンピテンシー項目との関連が高かったのに対し、これが高松商業の事例では低かったように見える。達成重視のコンピテンシーは、達成動機や内発的動機づけのように、仕事そのものが報酬の対象となり、仕事の中での成功や達成、あるいは、他者からの承認などによって醸成される。二つの事例を比較してみると、達成重視のコンピテンシー項目を醸成するには、キャリア選択までの時間が長い方が、大きなストレスをかけずに、生徒が取り組めると考えられる。

　職務遂行においても、曖昧な仕事が舞い込んできて、その仕事を完遂するまでの時間が非常に短ければ、従業員には大きなストレスをかけることとなる。例えば、岩田（2008）は、過労死者・過労自殺者の手記の内容を検討すると、過労自殺者は、職位歴（その職務に就いてからの勤続年数）が短く、曖昧で突発的な職務を与えられた場合が多かったと報告している。ここでは、職務に適応できないこと、あるいは、この職務がうまく遂行できないことへの悩みが大きく関わっている。この内容を、本章との関係から考えた場合、中学校（2年生）の場合は、起業家教育という曖昧な課題が与えられても、キャリア選択までには時間的猶予がある。これに対して、高等学校（3年生）の場合は、すでに進学か就職かの選択も、どの大学あるいはどの会社かという選択もなされている時期に、このプログラムが実施されていた。商業高校受講生の多くは、すでに進学先や就職先も決まっている。このような状況で、起業家教育を通じて、起業家というキャリアを理解したとしても、この内容に適応することは難しい。さらに言えば、起業家教育という現実的な選択を迷わせる新しい選択肢は、長いキャリアを考えると意味あるものかもしれないが、短期的には大きなストレスを彼らに与えていた可能性もある。それゆえ、キャリア形成のより早い時期で起業家教育を行うことが、達成重視のコンピテンシー項目を醸成させるには重要なのだと考えられる。

　第2に、自己確信のコンピテンシー項目と起業家教育との関係である。本章の事例では、自己確信のコンピテンシー項目と起業家教育との関係は、確認できなかった。この項目は、失敗に対処することが強調されている。起業の際には、起業して継続的な企業活動を行うまでに、リスクが一般的な企業よりも大き

い。こうしたリスクを考えた上で、起業家は、起業という決断をし、意思決定者
として企業を経営する。したがって、起業家は、達成重視のコンピテンシー項
目にあるような、仕事そのものの成功や達成を意識するだけでなく、失敗のリ
スクも計算できる人材でなければならない。自己確信のコンピテンシー項目を
醸成するには、失敗と成功の両方を知ることが必要である。起業家教育の中で
は、失敗や成功の経験を何度もすることで、どの程度のリスクなら耐えられるか
の判断ができるようになることが求められる。また、失敗しないための方法論
などを起業家教育の中に導入すれば、自己確信のコンピテンシー項目が醸成
できる可能性が増大する。一度の起業家教育プログラムに多くの内容を詰め
込んで実施するのではなく、起業家のコンピテンシー項目が醸成される過程を
意識しながら、繰り返し起業家教育プログラムを実施するカリキュラム化が重
要なのではないかと考えられる。そうしたカリキュラムでは、起業家というキャ
リアを選択しなかった人材でも、そのキャリアを歩む上でどのようなリスクに対
処するかの教育ができる。つまり、その人が選択したキャリアに適合する形で、
起業家のコンピテンシー項目を身に付けられると考えられる。

　第3に、チーム・リーダーシップ項目と起業家教育との関係である。特に、起
業家のコンピテンシー項目では、リーダーとしての役割の強度が重視されてい
る。しかし、この項目は、起業家教育だけでは醸成し難いと考えられる。対象
者が、役割の強度を感じるには、リーダーに対して大きなストレス負荷をかけ
なければならない。起業家教育では、職場集団の場でのストレス負荷をかける
ことは難しい。この点は、実際の生活の場でのリーダー経験によってより多くの
内容を補完すべきであると考えられる。ただし、リーダーシップ論の内容を、事
例を交えて説明することで、リーダーシップの取り方とはいかなるものかという
知識を提供することはできる。

　以上、起業家のコンピテンシー項目と起業家教育との関係について検討して
きた。コンピテンシーという概念は、単なるスキルや知識ではなく、スキルや知
識を用いて職務で高業績を上げる方法、さらには、その人の特性にまで踏み込
んだ概念である。個人の心理的要素に踏み込む内容を、教育によって生徒に
習得させるには、ある程度の時間が必要となる。それゆえ、早期の起業家教育

には大きな意義がある。また、起業家にとって最も重要なことは、達成動機や仕事への興味など、仕事そのものへの内発的動機づけを喚起することである。自分がその仕事をできる、あるいは、その仕事をしたいという欲求がまず醸成されなければ、他のコンピテンシーを醸成できても、起業家のコンピテンシーは醸成されない。したがって、キャリア選択のより早い段階に、達成重視のコンピテンシー項目を重視した起業家教育を行うことが重要であると考えられる。

5.7　まとめとして

　本章では、日本におけるこれからの中核人材を、未来を根本的に見直して事業を創出できる能力を持った人材を「起業家人材」と位置づけ、こうした人材を育成するためにコンピテンシーという概念から育成すべき人材像を明らかにした。起業家教育の事例を用いて、どの時期にどのようなコンピテンシーを醸成する教育を行うべきかについて、その仮説的提示を行った。

　なお、今後の課題として以下の4点があげられる。

　第1に、サンプル数の問題である。今回の事例は、光洋中学校2年生77名と高松商業3年生22名へのアンケート調査に基づいて検討された。今後より多くのサンプル数を確保し、さらなる検討を積み重ねることによって、起業家教育と起業家のコンピテンシーの関係について、より精緻な分析を行うべきである。

　第2に、事業を行う時期の問題である。今回の事例は、中学校2年生と高校3年生の2つの事例から検討した。この事例から、達成重視のコンピテンシーをより早期に醸成する必要性が強調された。より多くの時期の調査を行うことができれば、どの時期にどのようなコンピテンシー項目を醸成するための起業家教育を行えばよいか、明らかにできると考えられる。この点についても、今後の課題となる。

　第3に、研究における理論枠組みに関する問題である。本章は、コンピテンシー研究に理論的枠組みを求めた。コンピテンシー研究は今日でもその有用

性を失ってはいないが、最新の研究動向を含めて理論的な枠組みを再検討する必要がある。具体的には、熟達した起業家の特徴を研究したSarasvathy（2008）、起業志向に関する国際比較研究（石黒他2019）等があげられる。これらの研究は、共通して起業家に見られる危険を負担する（risk taking）行動に注目しており、その背後には許容できる損失（affordable loss）という起業家的な認知バイアスがある。今後の研究では、コンピテンシー研究に加えて、熟達した起業家に見られる認知バイアスを含めて研究枠組みを検討すべきだと考えられる。

　第4に、起業家人材を中核人材として位置付けることの意義である。今回の事例は、起業家人材を育成することに重点が置かれている。視点を変えれば、起業家のコンピテンシーを獲得することは、起業家以外でも、それぞれの職務において事業を創出できる人材につながる可能性が高い。中核人材とは、職種にかかわらず、その職種に対して新たな方向性を示し、大きなインパクトを与えられる人材とは考えられないだろうか。

参考文献

- Boyatzis, R., *The Competence Manager, : A Model for Effective Performance*, New York Wiley Inc, 1982.
- Boyett, J.H. & Boyett, T.J. *The Guru Guide to Entrepreneurship: A Concise Guide to the Best Ideas from the World's Top Entrepreneurs*, John Wiley & Sons Inc., 2001（加登豊・金井壽宏監訳　大川修二訳『経営パワー大全：最強起業家に学ぶ、戦略と実行のマネジメント』日本経済新聞社, 2003年）.
- Caird, S. General measure of Enterprising Tendency test, *The Open University's repository of research publications and other research outputs*, 2013.
  http://oro.open.ac.uk/5393/2/Get2test_guide.pdf（検索日：2019年7月23日）
- Deci, E.L., *Intrinsic Motivation*, Plenum Press, 1975.
- Deci, E.L. *The Psychology of Self-Determination*. D.C. Heath & Company, 1980.

- Hamel, G. & Praharalad, C.K. *Competing for Future*, Harvard Business Press, 1994.
- Hammer, M. & Champy, J. *Reengineering the corporation: a manifesto for business revolution*, Harper Business, 1993.
- McClelland, D.C. *"Testing for Competence rather than Intelligence"*, American Psychologist, 28, pp.1-14, 1973.
- Sarasvathy, S.D. *EFFECTUATION*, Edward Elgar Publishing, 2008.
- Schumpeter, J.A. *Theorie der Wirtscaftlichen*, ENTWICKLUNG, 1926（塩野谷祐一・中山伊知郎・東畑精一訳『経済発展の理論』岩波書店, 1980 年）.
- Spencer, L.M. & Spencer M. S. *Competence at Work*, John Wiley & Sons Inc, 1993.
- 石黒順子, 大江建「日本および ASEAN の大学生にみる起業家的資質と起業意識」『VENTURE REVIEW』No.33, 2019.
- 石田英夫「組織変革者と起業家」『流通科学研究』Vol.6, No.1, 2006.
- 鵜飼宏成「アントレプレナー育成の基盤〜フレームワークとメソッド〜」『中小企業季報』Vol.144, 2007.
- 岩田一哲「過労死・過労自殺と職務上の出来事との関係の分析」,『弘前大学経済研究』31 号, 2008.
- 宇都宮守「コンピテンシー概念とモデルの整理」『経営研究（九州産業大学）』No.6, 2003.
- 大江健「比較研究：日本の起業家と大企業管理職（経営、産業・経営における労働の諸問題）」『産業経営研究（日本大学）』Vol.10, 1991.
- 大野勝利「コンピテンシーの定義に関する一考察」『大阪府立大学経済研究 Vol.52, No.1, 2006.
- 加藤恭子「アメリカにおけるコンピテンシー・ベースの HRM の展開」（研究ノート）『経済集志』Vol.72, No.2, 2004.
- 加藤恭子「人事考課とコンピテンシー」馬場昌雄・馬場房子監修　岡村一成・小野公一編集『産業組織心理学』, 2005.
- 河野良治・岩田一哲「起業家教育についての一考察」『高松大学紀要』第 51 号, 2009.
- 小玉正博「保健医療従事者のキャリア葛藤と職務ストレスに関する研究」『筑波大学心理学研究』Vol.22, 2000.

・児玉真樹子・深田博己「生産性に関連する他移動や行動に及ぼす職業的アイデ
　ンティティの影響」『広島大学心理学研究』第6号, 2006.
・佐々木正剛・小松泰信・横溝功「農業高校における経営者能力をはぐくむ起業家
　教育」『岡山大学農学部学術報告』Vol.96, 2007.
・佐藤善信「企業家精神の心理学的分析」『ビジネス＆アカウンティングレビュー
　（関西学院大学）』Vol.1, No.1, 2006.
・西田豊昭・大津誠「アントレプレナーの特性・経営環境及び企業業績：日・米・
　華の国際比較」経営行動科学学会年次大会：発表論文集, 2005.
・柳孝一『ベンチャー経営論—創造的破壊と矛盾のマネジメント』日本経済新聞社,
　2004年.

第6章

創造性を下支えする
経験に関する考察[1]

　本章では、イノベーションについて、その担い手である起業家がどのような心理特性を持っているのか検討した。しかし、日本における起業家は数が少なく、その調査は容易ではない。こうした課題に直面し、本章では起業家のキャリアに着目した実証研究を行った。多くの場合、地域や社会で教育を受け、仕事を経験した後に、経営者・起業家になっている。こうした事実に注目し、経営者・起業家は、職位が高まると、担うべき仕事の曖昧性と新規性の高さが高まると仮定できる。調査として、曖昧性や新規性の高い仕事に対応できる人材は、有能観が高く、地域や教育において成功体験を経験し、その後も成功体験を繰り返している傾向が高いことが明らかになった。こうした傾向は、前章で検討したコンピテンシー研究と同様「知識」や「技能」を下支えする有能感や効力感の高さが起業家には重要であることを示している。すなわち、一般的に有能感や自己効力感の高い優れた人材は、自分の役割に注目すると創造性が制約される、との認識から生まれる利他的行動は、創造的な経営につながることを認識している。したがって、本章の結果としては、今日の起業家教育では、有能感や自己効力感を高めることが重要であるとの知見を得た。

[1] 本章は、「中小企業経営者能力に関するコンピテンシー論的分析」『日本中小企業学会論集』第31号、91頁～104頁より引用している。この論文を作成するにあたり、日本中小企業学会第31回自由論題報告において大変貴重なご意見を賜りました。この場を借りてお礼を申し上げます。また本研究は、平成22年度長野大学助成研究、科学研究費補助金（課題番号20530379および課題番号23530515）の成果の一部である。研究へのご支援に感謝いたします。

6.1 はじめに

　今日、日本の経済の仕組みは、大きく変化しなければならない状態に直面している。一例をあげれば、1980年代に決定的な競争優位の源泉であった一部の日本企業が構築したモノ作りに関する組織能力は、もはや決定的な差別化要因ではなくなりつつある。世界的な競争の激化によって、いかに効率的に作るかを競うよりも、何を作るかの競争、規格やビジネスモデルでの競争がより重要になってきたと考えられる。日本の内情に目を向けると、日本は、人口構成の上で成熟期を超えて衰退期に入り、これまでどんな国も経験したことがない超高齢化社会をむかえる。筆者は、こうした社会的変化へ対応するために、日本がより「起業家的な社会」となることが有効であると考える。開業率と実質GDPには正の相関があることはよく知られている。新規起業は正規従業員の雇用を生み出すが、単なる企業の存続は、経営の効率化が求められるからか、正規従業員から非正規従業員への転換がみられるとの報告もある。高齢化とともに人口が減少するこれからの日本が活力を維持するためには、これまで以上に優れた経営者を育成することが重要なのである。

　多くの優れた経営者は、学校教育を受けた後に社会で何らかの経験を積み、時には新たな事業を志して起業家として新しいビジネスを構想し、これを効率的かつ安定的に実施する経営者へと成長していくと考えられる。ある中小企業経営者へのインタビューで「中小企業なら、一人優れた経営・管理者がいれば企業は維持できる。二人いれば御の字だ」というお話を伺ったことがある。また、楠木（2010）は、実際の経営の成功と失敗を理論で説明できるのは2割程度ではないかと指摘する。二つの指摘に内在する問題は、経営者として優れていることの定義ではなかろうか。筆者の問題意識として、優れた経営者とは単に経営管理の知識やスキルにおいて優れた人材ではない、むしろ経営者としていかに気概を持った人材であるかという点にある。

　これからの日本で、いかに優れた経営者を育成するかという課題に対して、リスクが高い仕事に果敢に挑戦しつつ自らの能力を高めていく経営者の起業家的コンピテンシーに注目し、実証的なデータから新たな事業を構想し、これ

を効率的に展開するために求められる中小企業経営者をコンピテンシー論的に把握することの有効性を明らかにしていく。

6.2　背景となる研究の整理

（1）経営者能力と起業家に関する研究

　経営者能力に関する研究で、その源流に位置するものはヘンリー・ファイヨール（Henri Fayol）であろう。ファイヨール（Fayol）は、企業経営者としての経験から『産業ならびに一般の管理』を著して、管理プロセス（計画し、組織し、指揮し、調整し、統制する）を示しながら、経営者に求められる管理能力が管理すべき組織の規模によって変化すると論じた。Fayol（1916）は、それまで経験則でしかなかった経営・管理に分析的な枠組みを与え、「管理」を担う人材を育成することの重要性を示した。この本がアメリカに紹介され、経営学の本流となる管理過程学派が形成され、経営者教育に大きな影響を与えている。経営学の成立によって、それまで経験によってのみ育成されてきた経営・管理者を、経営に関する知識を提供することでより短い時間で育成することを可能にした。その後も、経営者・管理者教育は、教育すべき知識体系を拡大・精緻化し、その有効性を高めていった。

　日本における経営者能力に関する研究として、清水（1983）をあげたい。清水（1983）は、経営者の機能を将来構想の構築、意思決定、執行管理の3つに大別している。こうした経営者の機能の違いを前提とし、企業規模や業種と経営者の能力や個人特性との関係を論じている。経営者の能力や特性としては、信念を持つ態度、先見性のある態度、その他の起業家精神、人間尊重の態度、科学的態度、管理者精神、強靭な肉体、知識を重視する態度等が指摘されている。興味深いのは、経営者の能力に起業家精神が含まれている点である。他社との競争を考えた場合、単なる効率化だけでなく、イノベーションに基づいて差別化された商品を生み出していくことを重視しているからだと考えられる。

　ベンチャー企業は、差別化された商品を事業として展開する存在であると考えられるが、その中心に起業家がいる。ベンチャー企業の代表的な定義として

は、「高い志と成功意欲の強いアントレプレナー（起業家）を中心とした、新規事業への挑戦を行う中小企業で、商品、サービス、あるいは経営システムにイノベーションに基づく新規性があり、さらに社会性、独立性、普遍性を持ち、矛盾のエネルギーにより常に進化し続ける企業」という柳（1997）の定義が適切であろう。柳（1997）は、ベンチャー企業が中小企業に内包されるものであると述べた上で、起業家に求められる能力として「問題意識力」、「変革力」、「実行力」、「マネジメント力」の四つを指摘している。

　清水（1983）では、経営者の能力に起業家としての側面が含まれている点、経営者の技能だけでなくその特性にも注目している点に特徴がある。また柳（2004）は、起業家としての能力が今日ではベンチャー企業だけで無くすべての組織の存続に必要だと位置づけている。こうした点は、経営者教育をより良いものとするため非常に重要な示唆であると考えられる。

　では、経営者に求められる能力と経営者の経験や特性について、これまでどのような研究があるのだろうか。Shane（2000）は、市場機会を発見する人材が起業家であると定義し、起業前の知識とネットワークが起業に大きな影響を与える事を示している。久保田（2011）は、事業承継の事例研究から、次世代経営者の社外経験や新規プロジェクトが事業承継に有効であることを示している。キャリアの発展と能力向上を検討した代表的な研究として「一皮むける経験」（金井2001）がある。この研究は、移動や配置転換、ワンランク責任の重い業務、困難な業務といったハードルの高い仕事をこなすことが、その後の成長や良好なキャリア開発につながると指摘する。経営者は、多くの場合、学校を卒業した後に仕事の中で経営・管理の能力を高めて、ミドルやトップの経営・管理者としての役割を果たしている。つまり、キャリアが発展していく中で、経営者に求められる能力が向上していくと考えられる。

　ストレスは、時に人間の成長に良い影響を与えるが、過大なストレスは時に悲劇を引き起こす。岩田（2008）は、過労死・過労自殺と突発的な職務（突然要求される未経験で曖昧な職務）との関係が深い事を示している。過大なストレスがメンタルヘルスへ与える悪影響は、社会的に大きな課題である。そして、中小企業やベンチャー企業の経営者は、ストレスを大きく受けていると考え

られる。彼らは、大きな曖昧性や新規性に直面しながら、最終的に意思決定しなければならない存在である。どのように、中小企業やベンチャー企業の企業経営者は、時にストレスを活かして成長し、大きなストレスに処しているのだろうか。

　Gartner（1988）は、心理的な特性に注目した研究アプローチについて、起業家としての彼らを的確に見出して、心理特性を把握することは容易ではないと指摘する。この指摘よって、マクレランド（McClelland）に始まる起業家の心理特性研究は、時代遅れと位置付けられ、起業家の行動特性や戦略に注目した研究が主流となった[2]。日本の起業家数は、人口当たりアメリカの1/4以下でしかない[3]。そのため、日本で的確に起業家を捕捉してその心理特性を測定することは、さらに難しいと予測できる。こうした研究方法論上の難しさにもかかわらず、起業家の心理特性に関する研究が持つ意味は非常に大きい。その理由の一つに、メンタルヘルスが大きな社会問題となっていることが上げられる。起業家に注目すると、大きなストレスに対応するだけでなく、時にストレスを糧として起業家としての能力を向上させている。こうした起業家の心理特性や起業家に成長する過程の解明は、これからの日本に求められる人材育成に資するものであると考えられる。筆者は、「起業家精神」を備える人材を育成する方法論を明らかにすることは、現代に生きる研究者として求められていると考えた。したがって、Gartner（1988）が指摘する研究方法論上の難しさを克服するため、本章ではキャリア形成の視点に注目して調査した。すなわち、優れた起業家と一般的な起業家の差異よりも、職位間比較に見られる心理特性の差異はより大きいとの予想を得た。また、生まれつき優れた起業家は稀で、多くの起業家は、地域において教育を受け、仕事を経験し、起業を果たし、時に失敗からも学んで成長している。起業家は、キャリアが発展する中で様々な能

---

[2] 起業家の行動特性に注目した代表的研究として、Aldrich（1999）やShane(2000)があげられる。

[3] ここでは、Global Entrepreneurship MonitorにおけるEntrepreneurial Intentionsに注目した。彼らの調査に基づくと、2002年から2011年まで18歳から64歳の人が起業しようとした人口に対する割合は、平均でアメリカでは8.25％、日本では1.82％であった。https://www.gemconsortium.org/（検索日:2019年7/23）

力を高め、結果として「起業家となる」のだと考えられる。このように考えれば、職位が異なる人材の心理特性に関する比較研究は、この調査では起業家特有の心理特性を示す可能性があるとの仮説を得た。

(2) 起業家や経営者のコンピテンシー

では、起業家や経営者の能力とこれを支える心理特性に関する研究には、具体的にどのようなものがあるのであろうか。第5章でも整理しているが、こうした問題意識に対して示唆を与えてくれる研究としてコンピテンシー論をあげる事ができる。Spencer & Spencer（1993）は、**図6-1**に示されるような「氷山モデル」からコンピテンシー論を説明している。コンピテンシー論では、「目に見える」技能や知識などの実際の職務を行うことに関わる要因と、「目に見えない」自己イメージ、特性、動因等を分けている。高い業績を上げる人材は、その人が持つ技能や知識がその人の自己イメージ・特性・動因等と適応している。逆に、高い技能や知識を持っていても、その人の自己イメージ・特性・動因等がこれらを下支えしなければ十分に能力は発揮されない。コンピテンシー論は、実際にコンサルタントの活動として盛んに労働者、ロワー、ミドルの管理者には応用されているが、経営者や起業家に関しては研究蓄積が多いと

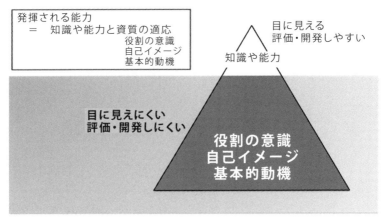

図6-1　氷山モデルとしてのコンピテンシー概念

出所) Spencer & Spencer (1993) を筆者加筆

は言い難い。労働者、ロワー、ミドルの管理者の分析に関しては、実務的な応用によって理論が精緻化してきたが、応用例が比較的少ない経営者や起業家のコンピテンシーは、より大きく研究の余地が残されていると言える。

　本章では、起業家コンピテンシーのなかでも、自己確信（Self-confidence）について注目した。Spencer & Spencer（1993）は、多くのコンピテンシーの構成要素として高い自己確信が、経営者や起業家だけでなく、高い業績を上げる人材に共通した基礎的な特徴であると指摘する。自己確信を備えた人材は、リスクが高い課題にも果敢に挑戦し、失敗から学ぶことができるという特徴を持つ。言い換えれば、起業家のようにストレスを糧にして成長しつつ、過大なストレスに処することのできる人材像を解明するために有効な分析視点だといえる。

　Spencer & Spencer（1993）は、自己確信の形成について、成功する体験を繰り返す中で、強化されると指摘するに過ぎない。自己確信の形成プロセスについてコンピテンシー研究の源流に位置づけられるMcClelland（1987）の達成動機から解明するのが適当であると考える。なぜなら、起業する動機は、金銭等の外発的な誘因だけでは必ずしも十分に説明できないからである[4]。つまり、多くの起業家は、金銭的誘因よりも、自分らしく仕事すること、社会に貢献することに動機づけられて起業しているのである。対応しなければならないリスクやストレスの大きさ等の日本の現状から考えると、起業家だけでなく、経営者も内発的に動機づけられていると考えるべきであろう。

　McClelland（1987）によると、達成動機による誘因は、課題を解決することから得られる心理的満足である。達成動機が高い人材は、生理的な活性が高まるだけでなく、業績向上に関わる刺激に高い関心を示し、学習と業績の向上に結びつく。また、達成動機の高い人材は、易しい課題をより易しいものと認識し、当事者にとって成功の確率が中程度と見積もられる課題に惹きつけられ、

---

[4] 例えば、『中小企業白書2002年度版』では、創業の動機について以下のように示されている（複数回答）。「自分の裁量で仕事がしたい（44.2％）」、「自己実現を図りたい（39.6％）」、「専門的な技術・知識を活かしたい（32.4％）」、「社会に貢献したい（30.8％）」と続く。「より高い所得が得たい」との回答は、20.9％でしかない。詳しくは、中小企業庁編（2002）『中小企業白書2002年度版』を参照されたい。

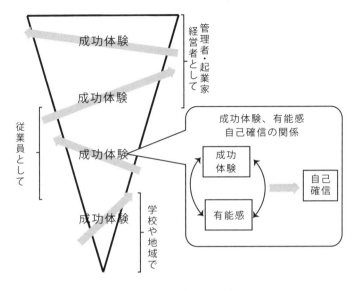

図6-2　自己確信の形成

出所）河野（2012）より引用

その解決に力を注ぐ。容易には為しえない成功の体験は、自己確信・有能感の向上を伴って、達成動機と同様に達成感によって（内発的に）動機づけられる。こうした研究から、**図6-2**に示されるように成功を体験することによって、自己確信・有能感が強化されてより高い目標に挑戦するようになる。そうしたプロセスにおいては、本人の資質や環境が影響を与えるであろうが、高い目標に挑戦することでいわゆる「一皮むける経験」によって能力が大きく高まる可能性が生じる。優れた経営者は、成功体験を繰り返した結果として、高い経営者としての能力が形成され、高い有能感を得ているとの仮説を得た。

　現代を代表する起業家であり、優れた経営者として評価されたスティーブ・ジョブス（Steve Jobs）氏を例に考えてみる。ジョブス（Jobs）氏は、12歳の時に周波数カウンターの部品を求めてヒューレット・パッカード社の共同創業者であるビル・ヒューレット（Bill Hewlett）氏の自宅へ電話帳を頼りに電話をかけた。Hewlett氏は、少年からの依頼を笑いながら受け入れ、部品だけでなく当時ハイテクベンチャー企業の代表であったヒューレット・パッカード社でのイ

ンターンシップの機会を彼に与えた。ジョブス（Jobs）氏は、天にも昇る気持ちであったと当時を振り返る。こうした経験は、ジョブス（Jobs）少年にとって自分だったら何かができることを実感させ、自己効力感・有能感を高めたことは想像に難くない。その後、周波数カウンターを使って、料金を払わずに世界中にいたずら電話がかけられる世界初のデジタル式ブルーボックスを友人と作りあげた。ブルーボックスの販売を始めた矢先、ギャングに銃を突きつけられて彼らは死の恐怖に直面し、この違法なビジネスをやめた。しかし、莫大な投資によって作られた国際電話通信網を100ドル程で販売した小さな機械がコントロールする、その興奮がアップルコンピュータ社の創業につながったと述べている[5]。こうした経験の後、大学を中退し、アタリ社で仕事をし、20代でアップルコンピュータ社を創業、紆余曲折を経て偉大な経営者となった。もちろんジョブス（Jobs）氏は高い資質を備えていたのであろうし、シリコンバレーという地域の環境も好ましい影響を彼に与えたのであろうが、彼が少年期から成功をとおして地域で価値観が変わるような経験をし、そこから自己効力感・有能感を高め、さらに高い目標に挑戦して「一皮むける経験」によって経営者に求められる能力を高めていったのではないかと考えられる。

　では、「一皮むける経験」を得る人材の特徴とはどの様な点にあるのであろうか。こうした課題について、Heckman（2010）は、IQや学業達成度など測定しやすい能力を認知的能力（cognitive ability）と定義し、これまでの教育が認知的能力に偏重してきたと批判した。加えて、パーソナリティー特性、目標、選好等を構成要素とする非認知的能力（non cognitive ability）が認知的能力より重要であると主張する[6]。筆者は、非認知的能力に着目し、現状では解決できないハードルの高い課題に臨んで、優れた経営者は、習慣や環境を管理して成功経験を得ているとの仮説を得た。もし、非常に難しい課題であっても、こ

---

[5] ジョブス（Jobs）氏の記述は、Isaacson（2011）および Santa Clara Valley Historical Association（1996）に基づく。

[6] 非認知的能力は、能力として論じることは不適切であるとの主張も考えられる。能力であれば高ければ高いほど望ましいものである。また、非認知的能力を特性と捉えることが適当であるか疑問が残る。パーソナリティー特性等非認知的能力の各構成要素は、環境との適応関係において望ましいかどうかを判断すべきだからである。

れを解決することのできる習慣や環境を得ることができるのであれば、課題解決に必要な知識や技術を獲得することを可能にする。こうした、ハードルの高い課題を習慣や環境を管理することで高いレベルの知識や技能を発揮して課題を解決する経験から、課題解決に関して自己確信を高めていると考えられる。こうした課題解決に関して高い自己確信を備えた人材にとって、優れた経営者としての技能や知識は、時間を含めた資源と環境の関数であると考えることができる。

6.3 調査の内容

(1) 調査の概要

　まず本節では、二つの調査の結果を示す。第一に、2009年9月と2010年9月にベンチャー企業経営者に対するアンケート調査を行った。調査対象とした企業は、2000年以降新興市場に上場した企業、調査時点でグリーンレーベルに登録している企業、アントレプレナーオブザイヤー、中小企業創業国民フォーラムそれぞれに2000年以降ノミネートされた企業、合計約900社あまりである。

　この調査結果がどのような意味を持つのか明らかにするため、2010年8月にマクロミル社の協力でweb調査を実施した。調査対象者は、日本国内の30歳代・40歳代の男性412名である。web調査において男性に限定した理由は、前述のベンチャー企業経営者に対するアンケート調査で得られた回答の98％が男性であったためである。この412名は、4つの集団から構成されている。10名程度の従業員を抱える中小企業経営者、6名程度の部下を持つ管理者、役職の無い正規従業員、派遣社員を除く非正規従業員（それぞれ103名ずつ合計412名）である。それぞれが担うべき曖昧性・新規性や責任の重さは、ベンチャー企業経営者＞中小企業経営者＞管理者＞従業員＞非正規従業員となるであろう事が予測される。

（2）結果について──
職位と成功を通して価値観が変わるような体験

　第一の調査における顕著な結果の一つとして、図6-3（2010年調査結果回答数100社（内63社が上場））に示されるように、多くのベンチャー企業経営者は、学生時代から繰り返し成功を通して価値観の変わるような体験を経験していることが明らかとなった。

　図6-4は学校を卒業するまでに経験した成功を通して価値観が変わるような体験を示したものであり、図6-5が卒業の後仕事の中で成功を通して価値観が変わるような体験を示している。図6-4をみると、学校を卒業するまでに成功を通して価値観が変わるような体験をする割合は、経営者＞管理者＞従業員となっており、担うべき仕事の曖昧さ・新規性や責任の重さと正の関係がある。図6-5をみると、仕事において非正規従業員が成功を通して価値観が変わるような体験が少ないことは当然だと考えられるが、図6-4と同様の傾向を示している。それだけではなく、過半数の経営者が成功を通して価値観が変わるよう

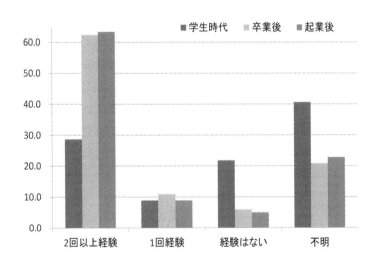

図6-3　ベンチャー企業経営者の成功を通して価値観の変わるような体験
出所）河野（2012）より引用

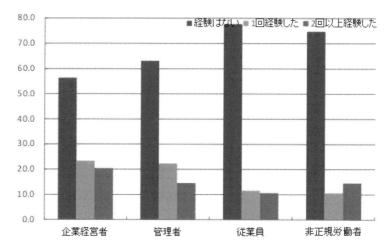

図6-4　成功を通して価値観の変わるような体験（学生時代）

出所）河野（2012）より引用

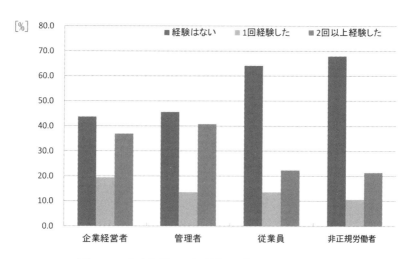

図6-5　成功を通して価値観の変わるような体験
（卒業後、仕事の中での成功体験について）

出所）河野（2012）より引用

な体験をしていることは偶然では無いであろう。**図6-3**を**図6-4**および**図6-5**と比較すると、ベンチャー企業経営者は、他の階層に比してより多く成功を通して価値観が変わるような経験をし、特に繰り返して価値観が変わるような成功を経験していることが分かった。こうした調査結果は、曖昧性・新規性の高い仕事を担い、責任から生じるストレスに耐えて熱心に働く中小・ベンチャー企業経営者が、成功を通して価値観が変わるような体験から形成される自己確信によって支えられていることを示すものと考える。

(3) 調査結果について──
職位と成功体験に関する価値観の関係

　表6-1は、web調査で得られた学生時代の成功を通して価値観が変わるような経験と有能感の関係を示している[7]。学生時代に成功を通して価値観が変わ

表6-1　成功を通して価値観の変わるような体験と有能観（学生時代）

		経験ない	1回経験	2回以上
	(412)	68.0	17.0	15.0
上位3%程度	(30)	73.3	13.3	13.3
上位10%程度	(49)	63.3	14.3	22.4
上位30%程度	(98)	53.1	22.9	24.0
平均的	(173)	73.4	16.8	9.8
下位30%程度	(40)	75.0	10.0	15.0
下位10%程度	(15)	73.3	20.0	6.7
下位3%程度	(9)	88.9	11.1	0.0

XX	全体より+10ポイント
XX	全体より+5ポイント
XX	全体より-5ポイント
XX	全体より-10ポイント

出所）河野（2012）より引用

---

[7] 有能感の測定は「ご自分が最も重要だと思う仕事をこなす能力について、同様の仕事をしている人の中でどの位置にいると思いますか」という問の答えである。また、表6-1および表6-2の記述で、サンプル数30以下のセルは判定していない。

表6-2　成功を通して価値観の変わるような体験と有能観 (仕事の中で)

		経験ない	1回経験	2回以上
	(412)	55.3	14.3	30.3
上位3%程度	(30)	43.3	16.7	40.0
上位10%程度	(49)	32.7	12.2	55.1
上位30%程度	(96)	37.5	15.6	46.9
平均的	(173)	67.6	15.6	16.8
下位30%程度	(40)	62.5	10.0	27.5
下位10%程度	(15)	80.0	13.3	6.7
下位3%程度	(9)	100.0	0.0	0.0

出所) 河野 (2012) より引用

るような経験をした回答者はあまり多くはないが、学生時代の成功を通して価値観が変わるような経験と有能感には一定の関係があるように読み取ることができる。ちなみに、下位10%など有能感が低い回答者では、成功を通して価値観が変わるような経験を繰り返し経験する者はごくわずかであった。

　表6-2は、仕事の中での成功を通して価値観が変わるような経験と有能感の関係を示している。有能感の高い回答者たちは、平均値よりも5%～10%高い割合で成功を通して価値観が変わるような経験を複数回経験している。逆に、成功を通して価値観が変わるような経験を体験していない割合は、平均より10%以上低い。こうした結果は、当然のことと認識されるかもしれないが、まさに成功を通して価値観が変わるような経験を繰り返す中で、有能感と共に自己確信が形成されていることを示している。

　表6-3を見ると、学生時代の成功を通して価値観が変わるような経験と仕事の中での成功を通して価値観が変わるような経験の相関係数は、0.597であった（1%有意）。こうした事実は、成功を通して価値観が変わるような経験を繰り返して、自己確信を強化している事を示しているのではないかと考えられる。最終学歴は、職位や学校で成功を通して価値観が変わるような経験、仕事の

上での成功を通して価値観が変わるような経験にも影響を与えている（1％有意）。ただ、最終学歴の違いが起業後の成功を通して価値観が変わるような経験だけでなく、有能感との関係も統計的には有意ではない。つまり、最終学歴だけでは、有能感や自己確信を十分に説明することはできないといえよう。

表6-3　相関関係の整理 ** 相関係数（Spearman）は、1％水準で有意（両側）

		職　位	学校での成功体験	会社での成功体験	起業後の成功体験	学　歴	有能感
職位	相関係数	1					
	有意確率	─					
	N	412					
学校での成功体験	相関係数	-.156**	1				
	有意確率	.002	─				
	N	412	412				
会社での成功体験	相関係数	-.201**	.596**	1			
	有意確率	.000	.000	─			
	N	412	412	412			
起業後の成功体験	相関係数	.a	.421**	.639**	1		
	有意確率	.000	.000	.000	─		
	N	103	103	103	103		
学歴	相関係数	-.179**	.247**	.148**	.064	1	
	有意確率	.000	.000	.003	.520	─	
	N	412	412	412	103	412	
有能感	相関係数	.175**	-.133**	-.316**	-.139	-.018	1
	有意確率	.000	.007	.000	.161	.723	─
	N	412	412	412	103	412	412

a 少なくとも1つの変数が定数であるため、一定の変数は計算されない。
* 成功を通して価値観が変わるような経験を成功体験と略して記述。
出所）河野（2012）より引用

6.4 調査結果の整理

　本章では、起業家のコンピテンシーのなかで自己確信に注目し量的調査を行った。中小・ベンチャー企業の経営者の多くが、成功を通して価値観が変わるような経験を繰り返すなかで、有能感と共に自己確信しているであろうことが示された。むしろ、成功を通して価値観が変わるような体験から形成される自己確信なくして、中小・ベンチャー企業経営者のように大きな曖昧性や新規性、責任に耐えて仕事を続けていくことはできないのではないだろうか。調査の結果として、成功を通して価値観が変わるような経験を体験する比率は、ベンチャー企業経営者＞中小企業経営者≧管理者＞従業員というような傾向を示した。これは一般的に想定される責任の大きさや、対応するべき仕事の曖昧性の高さと一致していると考えられる。こうした調査結果は、二つの意味を持っている。第一に、中小・ベンチャー企業経営者をより良く育成するためには、経営や起業に関する知識や技術のみならず成功を通して価値観が変わるような経験等が自己確信を高めるために求められる。社会や学校教育において成功を通して価値観が変わるような経験をどのように与えるべきか、検討が求められる。

　第二に、こうした研究結果は、若者のemployabilityや「コア人材」として正規従業員として求められる資質を解明する手がかりとなりえる。パートや派遣等非正規労働が一般化している今日、大学を卒業した正規従業員の仕事は、新たな仕事を作り出すことであり、これまでよりも曖昧性や新規性の高い仕事に対応することが求められている。大学を卒業する学生が就職先を得られないことが社会問題になっている。この原因の一つは、社会・企業・学校（特に大学）が、現代の正規従業員として求められる能力を十分に示していない点にあるのではなかろうか。巧みに曖昧な仕事に対応しつつ、ストレスを成長の糧とする人材像を明らかにし、これを示すことは今日の研究者にとって解決すべき重要な課題だと考えられる。

　ただ、成功を通して価値観が変わるような経験は自己確信の必要条件であり、十分条件ではない。**図6-4**が示すとおり、学生時代の成功を通して価値観

が変わるような経験の割合を従業員と非正規従業員で比較すると、正規従業員の数値が高い。この点からも、優れた経営者として能力向上へとつながる経験の具体的内容とそうでない体験を峻別する必要があろう。また、学生時代に成功を通して価値観が変わるような経験は、その後の好循環へとつながり、有能感・自己確信を高めている。では、環境の違いや成功を通して価値観が変わるような経験の有無による経営者のストレスからの影響の違い、どのような価値観等を持った人材が自己確信を高めやすいのかという点が疑問として残されている。今回の研究は、理論枠組みとして成功体験に基づくポジティブな経験の積み重ねから優れた経営者が育成される側面を検討した。実際には、優れた経営者であっても、成功よりも失敗を多く経験していると考えられるため、いかに失敗から学ぶかも重要な問題となる。これらの点を今後の課題としたい。

6.5　まとめとして

　本章では、起業家が何故に起業家足り得るのか、心理的に探究している。特に、人間が過去の経験に大いに影響を受けているという事実に注目している。同様の指摘は河野の独創ではない。Thaler et al.（1997）は、認知バイアスの存在を指摘している。この認知バイアスは、まさに個人の経験から形成される。河野（2012）を執筆するために実施した調査に加えて、もう一度web調査を実施して、その成果をIFSAM2014において発表した。このweb調査では、科学研究費補助金の支援を得て、前述の4カテゴリー773人ずつ合計3092人（30・40歳代男性）に対して（経営者を中小企業の経営者と個人営業の経営者に分けているが）web調査を実施した（**表6-4**）。就職する前に社会や学校で経験する成功体験が企業における成功体験に大きな影響を与えている（相関係数0.653、1％有意）だけでなく、会社での成功体験は起業後の成功体験にも大きな影響を与えていることが再び示された（相関係数0.649、1％有意）。
　こうした問いに加え、「最も大きな成功体験が現在のあなたの考え方に影響を与えているか？」という設問と「最も大きな成功体験が現在のあなたの生活習慣に影響を与えているか？」という設問を追加した（**表6-5**）。結果としては、

表6-4　追加調査の結果についての相関関係

Correlation			JOB	cognition of capability	success experience at school	success experience at work	success experience after start up	success experience affect your thinking	success experience affect your habit
Kendall のタウ b	JOB	相関係数	1.000	.138**	.122**	.134**		.047*	.072**
		有意確率 (両側)	.	.000	.000	.000		.020	.000
		度数	3092	3092	3092	3092	773	1912	1912
	cognition of capability	相関係数	.138**	1.000	.204**	.292**	.225**	.136**	.118**
		有意確率 (両側)	.000		.000	.000	.000	.000	.000
		度数	3092	3092	3092	3092	773	1912	1912
	success experience at school	相関係数	.122**	.204**	1.000	.653**	.490**	.148**	.179**
		有意確率 (両側)	.000	.000		.000	.000	.000	.000
		度数	3092	3092	3092	3092	773	1912	1912
	success experience at work	相関係数	.134**	.292**	.653**	1.000	.649**	.229**	.171**
		有意確率 (両側)	.000	.000	.000		.000	.000	.000
		度数	3092	3092	3092	3092	773	1912	1912
	success experience after start up	相関係数		.225**	.490**	.649**	1.000	.196**	.173**
		有意確率 (両側)		.000	.000	.000		.000	.000
		度数	773	773	773	773	773	577	577
	success experience affect your thinking	相関係数	.047*	.136**	.148**	.229**	.196**	1.000	.644**
		有意確率 (両側)	.020	.000	.000	.000	.000		.000
		度数	1912	1912	1912	1912	577	1912	1912
	success experience affect your habit	相関係数	.072**	.118**	.179**	.171**	.173**	.644**	1.000
		有意確率 (両側)	.000	.000	.000	.000	.000	.000	.
		度数	1912	1912	1912	1912	577	1912	1912

** Statistically significant at .01 level

* Statistically significant at .05 level

出所) 河野 (2014) IFSAM発表資料より引用

「成功体験が現在のあなたの考え方に影響を与えているか？」という設問では、全体では35.6％が「強く影響している」と答えているが、中小企業経営者はこれを10ポイント以上上回っている（1％有意）。対して、「最も大きな成功体験が現在の自分の考え方に強く影響している」と答えた労働者や非正規労働者は、平均値よりも低い。全体では22.6％が「成功体験が現在の自分の生活習慣に強く影響を与えている」と答えているが、中小企業経営者はこれを10ポイント以上上回っている（1％有意）。全体では33.7％が「成功体験が自分の習慣に影響を与えなかった」と答えているが、中小企業経営者は5ポイント以上低く（5％有意）、労働者や非正規労働者では5ポイント以上高い（5％有意）ことが確認できた。これらの事実は、現状では達成することの難しい高い目標を設定し、これを実現するために習慣や環境を再設定して目的を達成する「成功

表6-5　成功体験が考え方や習慣に与える影響

	success experience affect your thinking			success experience affect your habit		
	strongly affected	affected	no change	strongly affected	affected	no change
average	35.6	48.7	15.7	22.6	43.7	33.7
SME's CEO	▲46.6	▼40.4	13	▲32.7	39.2	▽28.1
Sole proprietorship	36.8	45.5	17.8	26.1	41.9	32
Manager	36.3	51.1	▽12.5	23	47.3	29.7
Worker	▽29.6	52.3	18	▽18.0	42.5	△39.5
Part timer	31.2	50.5	18.3	▼16.6	44.8	△38.6

▲▼ Statistically significant at .01 level
△▽ Statistically significant at .05 level
△▽ Statistically significant at .10 level

体験」が、起業家を支える価値観として形成されているとする仮説を支持している。

　本章の調査では、ヘックマン（Heckman）等が主張するように、曖昧性や新規性の高い仕事を担える人材の非認知的能力として、高い目標を達成するために習慣や環境を管理していることが検証された。Bandura（1997）は、特定の行動を起こす前に効力期待が得られなければ、積極的に動機付けられないと指摘する。つまり、ハードルの高い課題に対し、これが解決できる様な習慣や環境を設定して管理できると思えなければ、強く動機付けられないこととなる。柳（1997）が指摘する起業力として、現状に拘泥するのではなく課題を意識し（問題意識力）、その課題を解決する習慣や環境を設定し（変革力）、適切な習慣・環境を維持する（実行力・マネジメント力）ことが求められることは、自己効力感を支持している。

　もし、曖昧性や新規性の高い仕事を担える人材の非認知的能力として、高い目標を達成するために習慣や環境を管理する能力を非認知的能力に加えることができたとすると、学術的に興味深い発見となる。何故なら、自己確信や自

己効力感は、特定の活動・状況に対して認知する自分の可能性であり、専門分野ごとの領域固有性を前提とした概念である。就業の前と後では本来領域固有性が強く現れると考えられるが、成功体験に注目すると「社会や学校における成功体験」と「仕事における成功体験」は、いずれの調査でも相関係数で0.6程度を示しており、むしろ領域固有性は低い。仮説として、自己効力感よりも上位の心理特性とこれを形成する経験が、高い目標を達成するための管理能力として重要になる、と考えられる。

　なお、今後より詳細な統計分析により本章の実証的結果の精度をさらに高めることが期待できるが、これは今後の課題としたい。

参考文献

・Aldrich, H. *Organizations evolving*, SAGE Publications, 1999（若林直樹他訳『組織進化論：企業のライフサイクルを探る』東洋経済新報社, 2007年）

・Bandura, A. *Self-efficacy: The Exercise of Control*, W.H. Freeman & Co, 1997.

・Barney, J.B. *Gaining and Sustaining Competitive Advantage* (2nd Edition), Prentice Hall, 2002.

・Deci, E.L., and Flaste, R. *Why We Do What We Do*, G.P. Putnam's Sons 1995（桜井茂男監訳『人を伸ばす力：内発と自立のすすめ』新曜社, 1999年）.

・Fayol H. *Administration Industrielle et Générale*, Bordas S.A., 1916.

・Gartner, W.B. "Who is an Entrepreneur？" Is the Wrong Question, *Entrepreneurship Theory and Practice*, Volume 13, No.4, Summer, 1988.

・Heckman, J.J. Moon, S. H. Pinto, R. Savelyev, P. A. and Yavitz, A. "A New Cost-Benefit and Rate of Return Analysis for the Perry Preschool Program: A Summary", *NBER Working Paper*, No.15471, 2009.

・Heckman, J.J. "Building Bridges between Structural and Program Evaluation Approaches to Evaluating Policy", *Journal of Economic Literature* Vol.48, No.2, June, 2010.

・Isaacson, W. *Steve Jobs*, Sion & Schuster, 2011（井口耕二訳『Steve Jobs Ⅰ』講談社, 2011年）.

・McClelland David C. *Human Motivation*, Cambridge University press, 1987.

- Santa Clara Valley Historical Association, *Silicon Valley: A 100 year renaissance*, 1996.
- Shane S. Prior Knowledge and the Discovery of Entrepreneurial Opportunities, *Organization Science* Vol.11, No4 ,2000.
- Spencer, L.M., & Spencer, S. M. *Competence at Work*, John Wiley & Sons Inc., 1993.
- Thaler, R. Tversky, A. Kahneman, D. and Schwartz, A. "The Effect of Myopia and Loss Aversion on Risk Taking: An Experimental Test", *The Quarterly Journal of Economics*, Vol.112, issue 2, 1997.
- Timmons, A.J. *New Venture Creation: Entrepreneurship for the 21st Century*, Burr Ridge: Irwin, 1994（千本倖生・金井信次訳『ベンチャー創造の理論と戦略：起業機会探索から資金調達までの実践的方法論』ダイヤモンド社，1997）.
- 岩田一哲「過労死・過労自殺と職務上の出来事との関係の分析」『弘前大学経済研究』31号, 2008.
- 楠木建『ストーリーとしての競争戦略―優れた戦略の条件―』東洋経済新報社, 2010.
- 久保田典男「世代交代期の中小企業経営」『世代交代期の中小企業経営』中小企業学会論集　同友館, 2011.
- 河野良治「中小企業経営者能力に関するコンピテンシー論的分析」『中小企業のイノベーション』日本中小企業学会論集第31号, 2012.
- 齋藤毅憲『スモールビジネスの経営を考える』文眞堂, 2006.
- 清水龍瑩『経営者能力論』千倉書房, 1983.
- 中小企業庁編『中小企業白書2002年版「まちの起業家」の時代へ』ぎょうせい, 2002.
- 寺島雅隆「大学教育の変容と起業家教育」中小企業学会（編）『中小企業政策の再検討（日本中小企業学会論集29）』同友館, 2009.
- 松田修一『起業論』日本経済新聞社, 1997.
- 柳孝一『起業力をつける』日本経済新聞社, 1997.
- 柳孝一『ベンチャー経営論―創造的破壊と矛盾のマネジメント』日本経済新聞社, 2004.

第7章

終　章

7.1 研究の概要

　本論文は、「創造性を生み出す起業家人材育成に関する研究」であり、全体を7章で構成している。

　まず、第1章序論では、本論文の問題意識を確認している。20世紀の初頭に経営学が生まれた背景には、それまでに無かった企業という大規模組織の出現がある。大規模な企業が生まれる前には、大規模な組織としては国・軍隊と宗教を基盤とする組織しか存在しなかった。しかし、その後、企業は、維持・発展のために競い合い、コスト優位性を得ることを目的に企業規模を拡大する戦略を採った。すなわち、規模的に拡大するとコスト優位性が得られるという好循環の結果により、企業が世界規模にまで成長した。この戦略の結果、企業が、これ以上容易に成長できない環境に直面する場面が生じ、この状況を改善するために差別化戦略の持つ意味が相対的に大きくなった。

　次に、第2章では、「イノベーションを実現する創造的経営」と題してより創造的な経営についての仮説提示とこれに基づく事例の検討を行っている。これまで動機付けの研究者として知られるデシ（Deci）等は、人間が自分の利益に注目すると創造性を制約すると指摘している。その理由について意思決定を司る脳の構造についての考察から、利他的行動が創造的な経営につながる可能性を指摘した。この仮説について第2章では事例研究を行い、利己から転換し、利他的な経営、すなわち創造的な経営の実践によって好業績に繋がるとの実証的な知見を得た。

　第3章では、戦略論研究から知見として得られた仮説を「差別化戦略の提案」と題して1990年代後半における自動車産業の比較研究から仮説を検証している。具体的には、各社が競争環境からの影響を受けながら、独自の組織能力・経営資源を構築しようとしている。自動車産業は、世界的な潮流として製品に共通するプラットフォーム（車台、エンジン、ミッション）を使いながら、感性認知的に趣の異なる自動車を開発しているという意味でコスト優位性戦略と商品差別化戦略を両立している。全てを専用設計すれば、高い品質の自動車の商品化が可能となるが、一方でスケールメリットを受けることもできず、製品

開発投資が非常に大きなものとなる。第3章で事例として取り上げた各社は、その背景の違いから、実施される戦略が異なっている。すなわち、トヨタ自動車は、日産自動車に対抗して、5つの販売チャンネルを準備して、チャネルごとに異なる小型乗用車、中型乗用車、大型乗用車に加え、スポーティなタイプの乗用車、レジャー等に使い勝手の良い乗用車を開発する必要があった。顧客にとっては異なると認識される差別化した自動車を、共通したプラットフォームを利用して、効率良く製品開発するため製品開発主査制度を採用している。アメリカの自動車メーカーは、グローバル化を目指して構成部品のモジュール化に取り組んでいる。特にGMでは、極論すれば製品開発過程なしに消費者が望む自動車をモジュールの組合せから実現する体制を志向した。韓国自動車メーカーを代表する現代自動車は、自動車性能の底上げのために、部品メーカーの育成が求められた。結論として、自動車というグローバル化が進んだ製品・市場でも、自社の置かれた環境や経営資源が差別化戦略に大きな影響を与えている。

　第4章では、「イノベーションに向けた経営戦略」と題してイノベーション概念に注目している。すなわち、これは本論文で主張した差別化戦略について顧客を満足させるなどのより良い経営上の戦略を実施する方法として取り上げたものである。これを実現する方法としてシュンペーター（Schumpeter）は、イノベーションを資源の新結合と定義して、技術革新を含めたより広い概念として捉えている。特に現代では、消費者が購買の主導権を握っている。それ故に、起業家が消費者のニーズを把握し、これを実現する手段と結びつける必要がある。イノベーティブに差別化された商品であっても、消費者ニーズの支持などビジネスモデルに位置付けなければ、社会に普及しないとの知見が得られた。

　第5章では、「イノベーションを実現する起業家人材育成」と題して起業家の能力をコンピテンシー論から検討している。コンピテンシー論では、単に知識や技能を身につけ仕事を担う能力があるだけでは、十分に能力が発揮されないと考える。コンピテンシー論は、仕事を担うための知識や技能に加え、高い能力の発揮に向けて何が求められるのかという点を明らかにしようとしている。

特に、企業経営を担う中核的な人材としての起業家的人材は、仕事を担う知識や技能だけでは不十分である事が知られている。例えば、コンピテンシー論に大きな影響を与えたマクレランド（McClelland）の達成動機研究は、起業家の心理特性を基にしている。こうしたコンピテンシー理論的検討を通して、どの様な起業家教育を実施するべきか、教育の受け手の背景から適切な起業家教育提供方法などを検討した。

第6章では、「創造性を下支えする経験に関する考察」と題して起業家の能力の源泉を明らかにすることを目指している。事業を創造する起業家は、最終的な意思決定者として最も大きな責任を負わなければならない。さらに、企業がイノベーションを産み出すためには、新たな資源の構築と新しい資源の組み合わせの模索が求められる。既存の企業でこれらを試みるならば、これまで有効性が確認された資源とそれらの組み合わせを否定して、新たな方向性を模索せざるを得ない。こうした活動を担う起業家や経営者を心理的に支える構造について検討し、これを職位の異なる人材の比較から明らかにした。起業家や経営者のように曖昧性や新規性の高い仕事を担う人材は、自分の習慣や環境を再設定してこれまでよりも高い目標を達成するいわゆる成功体験を繰り返し経験しており、高い有能観や自己効力感を醸成していることが分かった。したがって、今日の起業家や経営者には、知識や技能を下支えする有能感などを高めることが重要であるとの知見を得た。

第7章では、これまでの調査および考察などから議論を整理し、結論を述べている。

7.2 研究の結果

これまでに述べたように、今日の経営において企業をさらに成長させるためには、商品を差別化する戦略がより重要になり、これを実現する戦略の実施が求められる。したがって、これまで通りの組織や経営の在り方からの転換が求められている。そのためには、起業家や経営幹部人材の教育が必要であり、そ

の実施方法が重要となる。

　商品を差別化する戦略には、新たなイノベーションが求められる。イノベーションを生み出すには、二つの方向性がある。すなわちイノベーションを資源の新結合と定義するなら、「新しい資源の獲得」と「新しい資源の組合せ」から、新たなイノベーションは生まれる。しかし、イノベーションが市場に受け入れられるかどうかは、分からない。したがって、新しいイノベーションが普及するためには、差別化した商品や新しい商品を提供する仕組みと消費者ニーズとのすり合わせが不可欠になると考えられる。この理由は、シュンペーター（Schumpeter）がイノベーションを論じた20世紀初頭の企業は、総体的に、市場の需要を満たすほどの能力を備えていたわけではないことがある。いわゆるプロダクトアウトの時代であり、消費者が受け入れられる価格を実現すれば、作れば作るほど売れる時代であったと言えるだろう。しかし、コスト優位性をインセンティブとした企業規模の大型化・競争の激化によって、マーケットインの時代へと転換した。現代の先進国のようにマーケットインの時代では、差別化した商品・商品を提供する仕組みと消費者ニーズをすり合わせることが重要視されることになった。

　こうした理論的考察から、現代の日本に目を向けると、商品を提供する仕組みと消費者ニーズをすり合わせ、これまでに無い事業を構想しようとする起業家人材が国際的に少ないことに注目すべきである。現代の日本では、起業家のような曖昧性や新規性の高い状況においても能力が発揮できる人材が育成できていないと言っても良い。6章で紹介した実証調査では、曖昧性や新規性の高い仕事に対応できる人材は、高い目標を達成するために、習慣や環境を再設定して、言わばエンジンを乗せ換えるようにより高い能力を発揮している。こうした事実に加え、曖昧性や新規性の高い仕事に対応する人材は、成功体験を繰り返す傾向がより多く見られる。キャリアにおいて早い時期に、高い目標を達成するためにエンジンを乗せ換えるような成功体験を経験すると、曖昧性や新規性の高い仕事に対応できる人材が育成できると考えられ、改めて教育の重要性が知見として得られた。

　本論文におけるここまでの議論を総括すると、今後の企業の競争戦略として

は、商品を差別化する戦略がより重要になり、これを実現する戦略の実施が求められる。そのためには、起業家や経営幹部人材の教育が必要であり、その実施が重要となる。言い換えると、こうした知見は、コンピテンシー研究と同様に「知識」や「技能」を下支えする有能感や効力感の高さが能力の発揮には重要であることを示している。

7.3 まとめとして

これまでの議論を総括すると、現代の多くの企業が、グローバルな厳しい競争に直面しており、そうした環境において、企業がさらに成長していくためには、商品の差別化戦略が必要となる。さらにこの前提に立って、既存事業との相乗効果を活かしていくと同時に、これまでにない組織能力・経営資源の組合せまたは経営能力の向上、経営資源の獲得によるイノベーションを生み出すことが求められる。一方で、これまでに有効に機能した資源の組合せや経営能力・経営資源は、経験によって意味づけられた価値観であり、組織で共有されれば組織のルーチンを下支えして、効率性を高めることができると考えられる。しかし、新たなイノベーションを阻害する可能性もある。

企業がさらなる成長をしていくために、経営人材は、時にこうした過去からの価値観に捕らわれず、革新的な商品を提供する仕組みと消費者ニーズをすり合わせることが求められる。そうした経営人材の育成には、早くから地域や教育において成功体験を経験し、その後も成功体験を繰り返し、経営者の有能観を高めることが求められる。

加えて、経営者のマインド、例えば利他的経営など望ましい認知バイアスを提案することが、経営者の能力発揮の基盤構築に重要である、との結論も得た。さらに、人材の育成には、経営者のマインド、例えば利他的経営などを目指す知識や技能を下支えする心理特性を検討することが必要である。このように、本人の望みに応じて高い生産性を発揮できる人材になれるのだとすれば、働く人のメンタルヘルス問題の解決や働き方改革の実現に貢献し、現代日本の大

きな社会的問題を解決することができるのではないかと考える。この認知バイアスを適切に管理推進することが、豊かな創造性を持つ経営人材の育成に繋がると考えられる。

　なお、本論文に残された課題としては、将来の起業家を育成するためには、優れた経営者の経営マインド・認知バイアスを明らかにすることと、それらを下支えする心理特性を明確にすることがあげられる。

謝 辞

　謝辞を書くにあたり、これまで多くの方々からご支援いただき、また多くの幸運を得ることができたことに、感謝しております。作新学院大学では、一期生として多くの先生方からご指導いただき、お陰様で大いに自分の可能性を発揮できました。特に、町田忠治先生から専門ゼミで、疑問があればいつでもご対応いただくなど、丁寧に指導いただきました。また、故野口祐先生（慶應義塾大学名誉教授）には、ゼミ生のようにご指導いただく幸運を得ました。十川廣國先生（慶應義塾大学名誉教授）から修士課程のご指導を受けて、自分の可能性が広がる得難い経験を得ることができました。博士課程では、名城鉄夫先生から感性認知工学を学び、丸山恵也先生（立教大学名誉教授）からも指導を受け、自動車産業研究をまとめることができました。

　博士論文をまとめるにあたり、春日正男先生（作新学院大学特任教授）から献身的なご指導いただきました。さらに、樋口徹先生、那須野公人先生、太田周先生、周楊華先生から論文のご指導をいただきました。また、ここでは書ききれないほど多くの先生方に、これまでご指導を受けることができました、こうした幸運に感謝いたします。

　山形大学大学院ベンチャービジネスラボラトリーに職を得ると、小山清人先生（現山形大学学長）や小野浩幸先生からご指導を受けながら、有機EL研究で世界的に著名な城戸淳二先生、物理学者として多くの産学連携事例を持つ堀切川一男先生（東北大学大学院教授）等のイノベーション事例に触れることができました。こうした知見を得て、早稲田大学アジア太平洋研究センターに職を得て、松田修一先生（早稲田大学名誉教授）、大江健先生（早稲田大学参与）、柳孝一先生（早稲田大学名誉教授）からベンチャー企業経営論について

ご指導を受け、山形大学での自分の経験を活かせるMOT教材の開発を担当できました。その後、高松大学で講師を務める機会をいただき、疋田光伯先生（四国大学教授）より実践的なベンチャー企業経営についてさらに指導を受ける幸運が得られました。筑波大学では、金保安則先生、内田史彦先生、多くの同僚に支えていただいたことに感謝します。起業家の研究を続けてきましたが、多くの起業家から研究のヒントを頂けたことに感謝します。特に、高橋貞三氏、永濱健氏、河瀬航大氏、松島聡氏、森川亮氏に感謝します。

　作新学院大学で知己を得た尾花一浩君と二本松均君、研究の仲間として池田武俊先生（千葉商科大学准教授）、岩田一哲先生（三重大学准教授）、高瀬進先生（京都大学特任助教）には友人として多くの刺激を受け、常に勉学を忘れてはいけないことを教えられました。特に、同世代で活躍した故加茂紀子子先生（日本大学助教授）から受けた言葉は、心の支えになりました。

　最後に、家族も研究や本論文の作成に協力してくれたことを忘れることはできません。かつて筆者の勉学を支えてくれた父母も、今では年老いました。両親に学位取得を報告できるとすれば、私からの唯一の親孝行となるのかもしれません。修士論文は表紙しか見てくれなかったので、博士論文の装丁だけでも豪華にしました。幼い子供たちは、状況を理解してくれるわけではないが、母親の言いつけを守り、論文を準備する父親に協力してくれました。子供たちそして、筆者を支えてくれる妻、河野裕美子に感謝いたします。

参考・引用文献 ||||||||||||||||||||||||||||||||||||||||||||||||||||||||||||||||||||||||||||||||||||||

- Abernathy, J.W. & Wayne, K. "Limits of the Learning Curve", *Harvard Business Review*, Sep.-Oct., 1974.
- Aldrich, H. *Organizations evolving*, SAGE Publications, 1999 (若林直樹他訳『組織進化論：企業のライフサイクルを探る』東洋経済新報社, 2007).
- Ansoff, H.I. *Corporate Strategy*, Harmondsworth: Penguin Books, 1965.
- Arthur, W.B. *Increasing Returns and Path Dependence in the Economy*, University of Michigan Press, 1994.
- Bandura, A. *Self-efficacy*: The Exercise of Control, W H Freeman & Co, 1997.
- Barnarad, C.I. *The functions of the executive*, Harvard University Press, 1968.
- Barney, J.B. *Gaining and Sustaining Competitive Advantage*, Second Edition, New Jersey, Pearson Education Inc, 2002 (岡田正大訳『企業戦略論：競争優位の構築と持続上, 中, 下』ダイヤモンド社, 2003).
- Baumol, W.J. *Business Behavior, Value and Growth*, Macmillan , 1959 (伊達邦春・小野俊夫訳『企業行動と経済成長』ダイヤモンド社, 1962).
- Blank, S. & Dorf, B.*The Statup Owner's Manual: The Step-by-step Guide for Building a Great Company*, K & S Ranch, 2012 (堤孝志・飯野将人訳『スタートアップ・マニュアル ベンチャー創業から大企業の新事業立ち上げまで』翔泳社, 2012).
- Boyatzis, R. *The Competence Manager, : A Model for Effective Performance*, New York Wiley Inc (1982).
- Boyett, J.H. & Boyett, T.J, *The Guru Guide to Entrepreneurship: A Concise Guide to the Best Ideas from the World's Top Entrepreneurs*, John Wiley & Sons Inc., 2001 (加登豊・金井壽宏監訳、大川修二訳『経営パワー大全：最強起業家に学ぶ、戦略と実行のマネジメント』日本経済新聞社, 2003).
- Chaudhuri, A. *Emotion and Reason in Consumer Behavior* Elsevier Inc, 2006 (恩蔵直人他訳『感情マーケティング―感情と理性の消費者行動』千倉書房, 2007).
- Chandler, A.D. Jr. *Scale and Scope: The Dynamics of Industrial Capitalism*, Cambridge, Belknaress of Harvard University Press, 1990.
- Chandler, A.D., Jr. "The Function of the HQ Unit in the Multibusiness Firm"

Strategic Management Journal, 12 (S 2), 1991.

- Chong-Moon, L., William, F.M., Marguerite, G.H., Henry, S.R. *The Silicon Valley edge: a habitat for innovation and entrepreneurship*, Stanford Univ Press, 2000（仲川勝弘監訳『シリコンバレー なぜ変わり続けるのか』日本経済新聞, 2001）.

- Christensen, M.C. *The Innovator's Dilemma: When New Technologies Cause Great Firms to Fail*, McGraw-Hill, 1997.

- Clark, K. & Fujimoto, T. *Product development performance* Harvard Business school Press, 1991（田村明比古訳『製品開発力─日米欧自動車メーカー20社の詳細調査』ダイヤモンド社, 1993）.

- Coase, R.H, T*he Firm, the Market, and the Law*, University of Chicago Press, 1988.

- *Consumer Reports*, Consumer Union of U.S. Inc. 1994, 1995, 1996, 1997, 1998.

- Deci, E.L. *Intrinsic Motivation*, Plenum Press, 1975.

- Deci, E.L. *The Psychology of Self-Determination*. D.C. Heath & Company, 1980.

- Deci, E.L. and Flaste, R. *Why We Do What We Do*, G.P. Putnam's Sons, 1995（桜井茂男監訳『人を伸ばす力：内発と自立のすすめ』新曜社, 1999）.

- Etzkowitz, H. *The triple helix: university-industry-government innovation in action*, Routledge, 2000（三藤利雄他訳『トリプルヘリックス：大学・産業界・政府のイノベーション・システム』芙蓉書房出版, 2009）.

- Fayol H. *Administration Industrielle et Générale*, Bordas S. A., 1916.

- Gartner, W.B. "Who is an Entrepreneur?" Is the Wrong Question, *Entrepreneurship Theory and Practice*, Vol.13, No.4, Summer, 1988.

- Gazzaniga, M. *Who's in Change? Free will and the Science of the Brain* Brockman Inc., 2011（藤井留美訳『〈わたし〉はどこにあるのか─ガザニガ脳科学講義』紀伊國屋書店, 2014）.

- Hamel, G. & Praharalad, C.K. *Competing for Future*, Harvard Business Press, 1994.

- Heckman, J.J. Moon, S.H. Pinto, R. Savelyev, P.A. and Yavitz, A. "A New Cost-Benefit and Rate of Return Analysis for the Perry Preschool Program: A Summary", *NBER Working Paper* No.15471, 2009.

・Heckman, J.J. "Building Bridges between Structural and Program Evaluation Approaches to
Evaluating Policy", *Journal of Economic Literature* Vol.48, No.2, June 2010.
・Henderson, B. The Product Portfolio. The Boston Consulting Group, 1970.
・von-Hippie, E. "Sticky Information" and the Locus of Problem Solving: Implications for Innovation *Management Science* Vol.40, No.4 April, 1994.
・Horgan, J. *The end of science* Basic Books, 1996（竹内薫訳『科学の終焉』徳間書店, 1997）.
・International Institute for Management Development "*IMD world competitiveness yearbook 2005*" IMD, 2005.
・Isaacson, W. *Steve Jobs*, Sion & Schuster, 2011（井口耕二訳『Steve Jobs Ⅰ』講談社, 2011）.
・Johansson, P., Hall, L., Sikström, S. & Olsson, "A. Failure to detect mismatches between intention and outcome in a simple decision task", *Science*, Vol.310, 2005.
・Kahneman, D. *Nobel prize lecture and other essays Maps of bounded rationality Autobiography*, 2010（友野典男・山内あゆ子訳『ダニエル・カーネマン 心理と経済を語る』楽工社, 2011a）.
・Kahneman, D.「意思決定の行動科学」『DAIMOND ハーバードビジネス』ダイヤモンド社, 2011 b.
・Kline, S.J. *Innovation styles in Japan and the United States cultural bases; implication for competitiveness*, Stanford university, 1990（鴫原文七訳『イノベーション・スタイル』アグネ承風社, 1992）.
・Krugman, P.R. *Geography and trade* MIT press, 1991（北村行伸他訳「脱国境の経済学」東洋経済新報社, 1994）.
・Kotter, J.P. & Heskett, J.L, *Corporate culture and performance*, Free Press, 1992.
・Koch, C. *Consciousness: Confessions of a Romantic Reductionist*, MIT press, 2012（土谷 尚嗣・小林史哉訳『意識をめぐる冒険』岩波書店, 2014）.
・Loftus, E.F. & Ketcham, K. *The Myth of Repressed Memory: False Memories and Allegations of Sexual Abuse*, St Martin's Press, 1994（仲真紀子訳『抑圧さ

れた記憶の神話—偽りの性的虐待の記憶をめぐって』誠信書房, 2000）.

- Marx, K.H. *Das Kapital: Kritik der politischen Oekonomie*, Otto Meissner, 1885（向坂逸郎訳『資本論2』岩波文庫, 1969）.
- Marshall, A., *Principles of economics*, Macmillan, 1890（馬場敬之助訳『経済学原理 第2巻』東洋経済新報社, 1977）.
- McClelland, D.C. *The Achieving Society*, D.Van Nostrand Company, 1961.
- McClelland, D.C. "Testing for Competence rather than Intelligence", *American Psychologist*, 28, 1973.
- McClelland D.C. *Human Motivation*, Cambridge University press, 1987.
- Mintzberg, H. *The Nature of Managerial Work* HarperCollins College Div, 1973.
- Mintzberg, H. *Mintzberg on Management: inside our strange world of organizations*, Free Press, 1989.
- Mintzberg, H. *Managing by Henry Mintzberg*, Berrett-Koehler Publishers. Inc., 2009（池村千秋訳『マネジャーの実像—「管理職」はなぜ仕事に追われているのか』日経BP社, 2011）.
- Osterwalder, A. & Pigneur, Y. *Business Model Generation: A Handbook for Visionaries, Game Changers, and Challengers*, Wiley, 2010.
- Pascal, R.T. "Perspectives on Strategy: The Real Story behind Honda's success." *California Management Review*, 26 (3), 1984.
- Penrose, E.T. *The Theory of the Growth of the Firm*, Oxford: Basil Blackwell, 1959（末松玄六訳『会社成長の理論』ダイヤモンド社, 1980）.
- Peters, T.J. & Waterman, R.H, *In search of excellence: Lessons from America's Best-Run Companies* HarperCollins Publishers, Inc., 1982.
- Pink, D. *Drive: The Surprising Truth about What Motivates Us*, Riverhead Hardcover, 2009（大前研一訳『モチベーション3.0』講談社, 2010）.
- Porter, M.E. *Competitive Strategy*, New York: Free Press, 1980.
- Porter, M.E. *The competitive advantage of nations : with a new introduction* Macmillan Press, 1990.
- Porter, M.E. 竹内弘高訳『競争戦略論II』ダイヤモンド社, 1999年.
- Prahalad, C.K. & Hamel, G. *Competing for the future Core competence*, Harvard Business School Press, 1994.

- Prahalad, C.K. & Hamel, G. "The Core Competence of the Corporation," *Harvard Business Review*, May-June, 1990.
- Puntnam, D.R. *Making democracy work: civic traditions in modern Italy* Academic Internet Pub, 1993（河田潤一訳『哲学する民主主義：伝統と改革の市民的構造』NTT出版, 2001）.
- Rosenbloom, S.R. & Spencer, J.W. *Engines of innovation* Harvard Business School Press, 1996（西村吉雄訳『中央研究所の時代の終焉』日経BP社, 1998）.
- Santa Clara Valley Historical Association, *Silicon Valley: A 100 year renaissance*, 1996.
- Sarasvathy, S.D. *EFFECTUATION*, Edward Elgar Publishing, 2008.
- Saxenian, A. *Regional advantage: culture and competition in Silicon Valley and Route 128*, Harvard University Press, 1994（大前健一訳『現代の二都物語』講談社, 1995）.
- Schein, H.E. *Organizational Culture and Leadership*, Jossey-Bass Inc., 1985（清水紀彦, 浜田幸雄訳『組織文化とリーダーシップ―リーダーは文化をどう変革するか』ダイヤモンド社, 1989）.
- Schlesinger, L. et al *Just Start: Take Action, Embrace Uncertainty, Create the Future*, Harvard Business Review Press, 2012（清水由貴子訳『ジャスト・スタート―起業家に学ぶ予測不能な未来の生き抜き方』CCCメディアハウス, 2013）.
- Schumpeter, J.A. *Theorie der wirtschaftlichen Entwicklung*, Duncker & Humblot, 1912（塩野谷祐一他訳『経済発展の理論』岩波文庫, 1977）.
- Scott G.K. "*IMVP New Product Development Series: The Ford Motor Company*" MIT, 1994.
- Scott G.K. "*IMVP New Product Development Series: The Chrysler Corporation*" MIT, 1994.
- Scott G.K. "*IMVP New Product Development Series: The General Motors Company*" MIT, 1995.
- Shane S. "Prior Knowledge and the Discovery of Entrepreneurial Opportunities", *Organization Science* Vol.11, No.4, 2000.
- Simon, H.A. *Administrative Behavior: A study of Decision-Making Processes in Administrative Organization*, Macmillan, 1947.

- Simon, H.A. *The new science of Management Decision*, Harper & Row, 1960 （稲葉元吉・倉井武夫訳『意思決定の科学』産業能率大学出版部, 1979）.
- Spencer, L.M. & Spencer M.S. *Competence at Work*, John Wiley & Sons Inc, 1993.
- Taylor, J. *My Stroke of Insight: A Brain Scientist's Personal Journey*, Thorndike Press, 2008 （竹内薫訳『奇跡の脳』新潮社, 2009）.
- Teece, D.J., Pisano G., and Shuen A. "Dynamic Capabilities and Strategic Management," *Strategic Management Journal*, Vol.18, No.7, 1997.
- Thaler, R. Tversky, A. Kahneman, D. and Schwartz, A. "The Effect of Myopia and Loss Aversion on Risk Taking: An Experimental Test", *The Quarterly Journal of Economics*, Vol.112, issue 2, 1997.
- Timmons, A.J. *New Venture Creation: Entrepreneurship for the 21st Century*, Burr Ridge: Irwin 1994 （千本倖生・金井信次訳『ベンチャー創造の理論と戦略：起業機会探索から資金調達までの実践的方法論』ダイヤモンド社, 1997）.
- Walras, L. (1874) Eléments d'économie politique pure ou théorie de la richesse sociale （久武雅夫訳『純粋経済学要論』岩波書店, 1983）.
- Wernerfelt, B. "A Resource-Based View of the Firm," *Strategic Management Journal*, Vol.5, No.2, 1984.
- Williamson, O.E, *Market and Hierarchies: Analysis and Antitrust Implications*, Free Press, 1975.
- Wilson, T. *Strangers to Ourselves: Discovering the Adaptive Unconscious*, Belknap Press, 2004 （村田光二訳『自分を知り、自分を変える―適応的無意識の心理学』新曜社, 2005年）.
- 東一眞『「シリコンバレー」のつくり方』中央公論新社, 2001.
- 有冨重尋『日本・西ドイツ・韓国　自動車流通比較』ナカニシヤ出版, 1987.
- 石田英夫「組織変革者と起業家」『流通科学研究』Vol.6, No.1, 2006.
- 岩田一哲「過労死・過労自殺と職務上の出来事との関係の分析」,『弘前大学経済研究』31号, 2008.
- 鵜飼宏成「アントレプレナー育成の基盤〜フレームワークとメソッド〜」『中小企業季報』Vol.144, 2007.
- 宇都宮守「コンピテンシー概念とモデルの整理」『経営研究（九州産業大学）』

No.6, 2003.

- 大野耐一『トヨタ生産方式の原点―かんばん方式の生みの親が「現場力」を語る』日本能率協会マネージメントセンター, 2014.
- 大江健「比較研究：日本の起業家と大企業管理職（経営、産業・経営における労働の諸問題）」『産業経営研究（日本大学）』Vol.10, 1991
- 大野勝利「コンピテンシーの定義に関する一考察」『大阪府立大学経済研』Vol.52, No.1, 2006.
- 加藤健彦・窪田光純『改訂版・韓国自動車産業のすべて』日本経済通信社, 1989.
- 加藤恭子「アメリカにおけるコンピテンシー・ベースのHRMの展開」（研究ノート）『経済集志』Vol.72, No.2, 2004.
- 加藤恭子「人事考課とコンピテンシー」馬場昌雄・馬場房子監修　岡村一成・小野公一編集『産業組織心理学』2005.
- 金井壽宏著『仕事で「一皮むける」関経連「一皮むけた経験」に学ぶ』光文社新書, 2002.
- 楠木建『ストーリーとしての競争戦略―優れた戦略の条件―』東洋経済新報社, 2010.
- 久保田典男「世代交代期の中小企業経営」中小企業学会（編）『世代交代期の中小企業経営』中小企業学会論集第30号, 同友館, 2011.
- 黒川文子「自動車産業における製品開発と意思決定」『日本経営学会誌』No.3, 1998.
- 桑田耕太郎、松嶋登、髙橋勅徳『制度的企業家』ナカニシヤ出版, 2015.
- 玄永錫『韓国自動車産業論』佐藤静香訳, 世界思想社, 1991.
- 河野良治「中小企業経営者能力に関するコンピテンシー論的分析」『中小企業のイノベーション』日本中小企業学会論集第31号, 同友館, 2012.
- 河野良治「起業教育の必要性について」『グローバリゼーションと現代企業経営経営学論集第74集』千倉書房, 2004.
- 河野良治・岩田一哲「起業家教育についての一考察」『高松大学紀要』第51号, 2009.
- 河野良治「ビジネスモデル依存型イノベーションを前提としたクラスターに関する理論的考察」『高松大学紀要』第45号, 2006年.
- 河野良治「日・米・韓 自動車メーカーの製品開発比較研究」『アジア経営研究学会誌』No.5, 1999.

・ 小阪隆秀「韓国自動車産業の成立と部品企業系列化」『情報科学研究』Vol.7, 1997.
・ 小阪隆秀、松本芳男、市田陽児、岡室博之「韓国自動車産業における組立メーカー・部品企業間データ通信に関する調査」『情報科学研究』Vol.7, 1997.
・ 小阪裕司著『お客さまの「特別」になる方法―「リレーションシップ・キャピタル」の時代』角川書店, 2010.
・ 小阪裕司著『価値創造の思考法』東洋経済新報社, 2012.
・ 小玉正博「保健医療従事者のキャリア葛藤と職務ストレスに関する研究」『筑波大学心理学研究』Vol.22, 2000.
・ 児玉真樹子・深田博己「生産性に関連する他移動や行動に及ぼす職業的アイデンティティの影響」『広島大学心理学研究』第6号, 2006.
・ 小川英次編『トヨタ生産方式の研究』日本経済新聞社, 1994.
・ 齋藤毅憲『スモールビジネスの経営を考える』文眞堂, 2006.
・ 佐々木正剛・小松泰信・横溝功「農業高校における経営者能力をはぐくむ起業家教育」『岡山大学農学部学術報告』Vol.96, 2007.
・ 佐藤善信「企業家精神の心理学的分析」『ビジネス&アカウンティングレビュー（関西学院大学）』Vol.1, No.1, 2006.
・ 清水龍瑩『経営者能力論』千倉書房, 1983.
・ 下川浩一『日米自動車産業攻防の行方』時事通信社, 1997.
・ 下條信輔著『サブリミナル・インパクト―情動と潜在認知の現代』ちくま新書, 2008.
・ 十川廣國『マネジメント・イノベーション』中央経済社, 2009.
・ 武田晴人編『日本の情報通信産業史―2つの世界から1つの世界へ』有斐閣, 2011.
・ 舘澤貢次著『佐川急便の大変身―SDを核とした「高収益経営」の秘密』オーエス出版社, 1999.
・ 中小企業庁編『中小企業白書2002年版「まちの起業家」の時代へ』ぎょうせい, 2002.
・ 寺島雅隆「大学教育の変容と起業家教育」『中小企業政策の再検討』日本中小企業学会論集 台29号, 同友館, 2009.
・ 名城鉄夫・大熊和彦・田淵泰男『感性商品の開発管理』中央経済社, 1994.
・ 那須野公人『グローバル経営論―アジア企業のリープフロッグ的発展』学文社,

2018.
- 西田豊昭・大津誠「アントレプレナーの特性・経営環境及び企業業績：日・米・華の国際比較」経営行動科学学会年次大会：発表論文集, 2005.
- 沼上幹『液晶ディスプレイの技術革新史』白桃書房, 1999.
- 延岡健太郎『マルチプロジェクト戦略』有斐閣, 1996.
- 藤本隆宏『能力構築競争―日本の自動車産業はなぜ強いのか』中公新書, 2003.
- 藤本隆宏「部品取引と企業間関係」植草益編『日本の産業組織』有斐閣, 1995.
- 松田修一『起業論』日本経済新聞社, 1997.
- 水野順子『韓国の自動車産業』アジア経済研究所, 1996.
- 柳孝一『ベンチャー経営論―創造的破壊と矛盾のマネジメント』日本経済新聞社, 2004.
- 柳孝一『起業力をつける』日本経済新聞社, 1997.
- 山田英夫『デファクト・スタンダード―市場を制覇する規格戦略』日本経済新聞社, 1997.
- 丸山恵也他編著『比較研究 日韓自動車産業の全容』亜紀書房, 2000.
- 三箇山清他『産官学協同の比較研究』晃洋書房, 2003.
- 森川亮『シンプルに考える―本当に大切な1%に100%集中する』ダイヤモンド社, 2015.
- 森俊治、三木信一、大橋岩尾『研究開発管理の理論と体系』丸善株式会社, 1978.

付 録

現代の企業と
経営者についての
アンケート調査
調査票

付録 調査票：現代の企業と経営者についてのアンケート調査

Ⅰ.まず貴社の概略についてお伺いいたします

問1 貴社の主な事業分野として、あてはまるもの番号<u>ひとつ</u>に〇をつけてください。

1.農林水産業	2.建設業	3.製造業（通信・機械）	4.製造業（食品・化学）
5.製造業（医療・生命科学）	6.製造業（その他）	7.卸売業	8.小売業・飲食業
9.情報・ソフト産業	10.その他（ ）		

問2．貴社の概要につき、下記の表にご回答ください。なおご回答は直近の決算時でお願いします。

資本金	万円	経常利益	万円
売上高	万円	創業（西暦）	年
従業員数	名		

問3．株式公開についてどのようなステージにいますか？　番号<u>ひとつ</u>に〇をつけてください。

1.株式公開済み　⇒上場している市場をご回答ください [   ]
2.数年のうちの公開を予定している　　3.公開を目指しているが詳細は未定　　4.公開は目指さない

問4．貴社の今後3年間の目標売上高成長率を教えてください。成長率は平均年率何%ですか？

　　　今後3年間の目標売上高成長率（平均年率）＿＿＿＿＿＿％

Ⅱ ここからはあなたご自身（貴社の代表取締役）についてお伺いいたします

問5．あなたは経営する隙にどのようにお感じになってらっしゃいますか？番号<u>ひとつ</u>に〇をつけてください。

	あてはまる	ややあてはまる	ややあてはまらない	あてはまらない
(1)現在の仕事から達成感を得ている	1	2	3	4
(2)自己実現のために経営している	1	2	3	4
(3)いつも忙しく仕事ができることは良いことだ	1	2	3	4
(4)社会に貢献するために経営している	1	2	3	4
(5)より高い年収を得るために経営している	1	2	3	4
(6)現在の仕事はおもしろく今後も続けていきたい	1	2	3	4
(7)金銭的な報酬が変わらなくとも今後さらに難しい仕事に取り組みたい	1	2	3	4
(8)仕事で挑戦したいことは自信を持って明瞭に話せる	1	2	3	4
(9)専門的な技術・知識を活かすために経営している	1	2	3	4

問6．あなたは下記のどちらにあてはまりますか？あてはまるもの<u>ひとつ</u>に〇をつけてください。

　　　1.創業者である　　　　2. 後継者である

問7　あなたの最終学歴について、あてはまる番号<u>ひとつ</u>に〇をつけてください。

　　1.義務教育　　　　　　　　2.高校（中退を含む）　　　　　　3.専門・技術学校（中退を含む）
　　4.短大等（中退を含む）　　5.大学（中退を含む）　　　　　　6.修士課程（中退を含む）
　　7.博士課程（中退を含む）

問8．あなたの経営者としての能力は、全体のどの位置にいると思いますか？あてはまる番号<u>ひとつ</u>に〇をつけてください。

　　1.上位 3%　　2.上位 10%　　3.上位 30%程度　　4.平均的　　5.下位 30%　　6.下位 10%　　7 下位 3%

問9　あなたは、成功体験をどの程度経験していますか？それぞれのうちあてはまる番号<u>ひとつ</u>に〇をつけてください。（「成功体験」については下の欄をご参照下さい。）

	①　2回以上経験	②　1回経験	③　経験はない
(1) 学生時代の成功体験について	1	2	3
(2) 卒業後、仕事の中での成功体験について	1	2	3
(3) 経営する側の立場になってからの成功体験について	1	2	3

> 成功体験とは、他の人から高く評価されてはいなくても、**あなたが何かに熱心に取り組んで、あなたが成功したと考える幅広い出来事**を想定しています。
> 具体的には、学業でこれまでよりも良い成績をあげたことや、難関校に合格したこと、スポーツ等で賞を得たこと、部活動やサークルでリーダーシップを発揮して成果をあげたこと等です。

問10．問9でひとつでも①または②と回答された方に質問します。あなたが経験されたうち、最も大きな成功体験により、あなたの考え方や生活に影響を与えましたか。

	大きく変化した	若干変化した	変化なし
(1) その成功体験によって、その後あなたの考え方は‥	1	2	3
(2) 成功体験によって、その後あなたの生活習慣は‥	1	2	3

	大きく影響した	若干影響を与えた	影響はなかった
(3) 成功体験は、現在のあなたの考え方に‥	1	2	3
(4) 成功体験は、現在のあなたの生活習慣に‥	1	2	3
(5) 成功体験は、現在の貴社の経営に‥	1	2	3

問11　問9でひとつでも①または②と回答された方に質問します。あなたが最も大きな影響を受けた具体的な成功体験は、何歳の時に、どんな状況で、どんな体験でしたか、ご記入下さい。

問12．あなたが仕事をする上でお考えになっていることを伺います。それぞれの質問内容について、最もあてはまると考える番号<u>ひとつ</u>に〇をつけてください。

	あてはまる	ややあてはまる	ややあてはまらない	あてはまらない
(1) 問題をひとつひとつ片付ける	1	2	3	4
(2) 高い目標の達成には、現在の環境を見直す必要があると考える	1	2	3	4
(3) 自分が立てた計画は、うまくできる自信がある	1	2	3	4
(4) 高い目標の達成には、努力だけでは不十分だと考える	1	2	3	4
(5) 失敗すると、一生懸命やろうと思う	1	2	3	4
(6) 何かしようと思ったら、すぐにとりかかる	1	2	3	4
(7) 似た経験を持つ人に相談することがある	1	2	3	4
(8) 新しい習慣を身につけることが苦にならない	1	2	3	4
(9) 人に助けを求める	1	2	3	4

	あてはまる	ややあてはまる	ややあてはまらない	あてはまらない
(10) 人に頼らない	1	2	3	4
(11) 時の流れに身を任せることがある	1	2	3	4
(12) 問題点を明確にしようとする	1	2	3	4
(13) 独りの時間を大切にする	1	2	3	4
(14) 自分は幸運だと考える	1	2	3	4
(15) 重要な問題以外のことで忙しくすることがある	1	2	3	4
(16) しばらくの間、重要な問題から遠ざかったりすることがある	1	2	3	4
(17) その状況をあるがままに受け入れることがある	1	2	3	4
(18) 面白くないことをする時でも、それが終わるまでがんばる	1	2	3	4
(19) その分野の専門家に相談する	1	2	3	4
(20) 計画を立てて、それを実行する	1	2	3	4
(21) チャンスを捉えるために十分な準備をしている	1	2	3	4
(22) 自分のおかれた状況を人に話す	1	2	3	4
(23) 新しい習慣を身につけることに積極的だ	1	2	3	4
(24) 直面する状況について、より深く調べる	1	2	3	4
(25) 様々な解決方法を試す	1	2	3	4
(26) 直面する状況を客観的に見ようとする	1	2	3	4
(27) 自ら積極的に行動する	1	2	3	4
(28) 高い目標の達成には、自分の習慣を見直す必要があると考える	1	2	3	4
(29) 「その問題は重要ではない」と自分に言い聞かせることがある	1	2	3	4
(30) 初めはうまくいかない仕事でも、できるまでやり続ける	1	2	3	4

質問は、半分以上を終えました。引き続きよろしくお願いします。

問 13. あなたが最近（おおむね6ヶ月程度を想定しています）、お感じになっていることについて伺います。それぞれの質問内容について、最もあてはまると考える番号ひとつに〇をつけてください。

	あてはまる	ややあてはまる	ややあてはまらない	あてはまらない
(1) 最近、ちょっとしたことで腹を立てる	1	2	3	4
(2) 最近、部下たちの成長に関して責任がある	1	2	3	4
(3) 最近、朝、起きたときから疲れ切っている	1	2	3	4
(4) 最近、仕事の成果が高く評価されない	1	2	3	4
(5) 最近、ノルマや納期に追われる業務を担当している	1	2	3	4
(6) 最近、人生に希望が持てない	1	2	3	4
(7) 今の仕事には、はっきりした目標や目的がない	1	2	3	4
(8) 最近、ゆううつな気分である	1	2	3	4
(9) 最近、いつも気がめいっている	1	2	3	4
(10) 最近、部下の相談にのらなければならない	1	2	3	4
(11) 最近、見知らぬ場所にいくと非常に落ち着かない	1	2	3	4
(12) 最近、数多くの仕事をこなさなければならない	1	2	3	4
(13) 現在担当している業務に興味が持てない	1	2	3	4
(14) 最近、引っ込み思案なほうである	1	2	3	4
(15) 最近、孤独を感じることが多い	1	2	3	4
(16) 最近、家に持ち帰るほど仕事が多い	1	2	3	4
(17) 最近、動悸がして苦しいことがよくある	1	2	3	4
(18) 最近、職場での自分の権限がどれほどなのか分からない	1	2	3	4
(19) 最近、すぐカァッとなる	1	2	3	4

	あてはまる	やや あてはまる	ややあて はまらない	あてはまら ない
(20) 最近、胸や心臓に痛みが走ることがよくある	1	2	3	4
(21) 最近、部下の仕事について責任がある	1	2	3	4
(22) 最近、決定事項にほとんど影響力が無い	1	2	3	4
(23) 最近、疲れてぐったりすることがよくある	1	2	3	4
(24) 最近、息切れしやすい	1	2	3	4
(25) 最近、見知らぬ人に会うと非常に落ち着かない	1	2	3	4
(26) 最近、自分の仕事は社会的に尊敬されていない	1	2	3	4
(27) 最近、息が苦しいことがよくある	1	2	3	4
(28) 最近、元気が出ない	1	2	3	4
(29) 今の仕事はとても難しく複雑だ	1	2	3	4
(30) 最近、よく知らない分野の仕事を担当している	1	2	3	4
(31) 最近、会議などで質問されると、取り乱す	1	2	3	4
(32) 最近、今までの生き方は間違っていたと思う	1	2	3	4
(33) 最近、私の仕事は一人で行うには多すぎる	1	2	3	4
(34) 最近、職場内で、自分の責任範囲がどこまでか分からない	1	2	3	4
(35) 最近、仕事を終えたとき、疲れ切っている	1	2	3	4
(36) 最近、私の仕事のやり方は不適切である	1	2	3	4
(37) 最近、自分の仕事をするための十分な時間がない	1	2	3	4
(38) 最近、職場で自分に何が期待されているのか分からない	1	2	3	4
(39) 最近、ちょっとしたことで感情を害しやすい	1	2	3	4
(40) 最近、ひどく腹を立てることが多い	1	2	3	4
(41) 最近、指図されると腹が立つ	1	2	3	4
(42) 最近、自分の思い通りにならないと、すぐカッとなる	1	2	3	4
(43) 最近、仕事で要求さている水準が高すぎる	1	2	3	4
(44) 最近、仕事を少ししただけで疲れる	1	2	3	4
(45) 最近、心臓が異常に速く打つことがある	1	2	3	4
(46) 最近、自信が持てなくなってきた	1	2	3	4
(47) 最近、重要でない仕事を担当している	1	2	3	4

問14. あなた個人ネットワークについて伺います。あなたが自社の経営のあり方に影響を与えている程度として、
あてはまると考える番号ひとつに〇をつけてください。

自社の経営のあり方を相談できる方	強く影響を 受ける	やや影響 を受ける	あまり影響 を受けない	影響を受け ない
(1) 家族、親族	1	2	3	4
(2) 経営者ではない友人や知人	1	2	3	4
(3) 同業の経営者の友人や知人	1	2	3	4
(4) 異業種の経営者の友人や知人	1	2	3	4
(5) 信条・宗教的な会合で知り合った・紹介を受けた友人や知人	1	2	3	4
(6) 起業の段階からサポートを受けている方	1	2	3	4
(7) 経営にあたってサポートを受けている方	1	2	3	4

SQ1 今後追加調査にご協力いただけますか？　　1.協力しても良い　　2.協力できない

SQ2 調査結果の要約をお送りしますか？　　1.送ってほしい　　2.送る必要はない

SQ1、SQ2で「1」を選択された場合、連絡先をご記入ください。　会社名 ＿＿＿＿＿＿＿＿＿＿＿＿＿＿

　ご担当者様＿＿＿＿＿＿＿＿＿　　会社所在地 〒＿＿＿＿＿＿＿＿＿＿＿＿＿＿＿＿＿＿＿＿＿＿＿＿

　電話番号 ＿＿＿＿＿＿＿＿＿＿　電子メール ＿＿＿＿＿＿＿＿＿＿＿＿＿＿＿＿＿＿＿＿＿＿＿

【著者】

河野 良治（こうの りょうじ）1970年生

関西外国語大学　英語国際学部　准教授
慶應義塾大学商学研究科で修士（商学）、作新学院大学経営学研究科博士課程を満期退学後、
山形大学ベンチャービジネスラボラトリー研究員、早稲田大学アジア太平洋研究科助手、高松大
学経営学部講師、長野大学企業情報学部准教授、筑波大学国際産学連携本部技術移転マネー
ジャー博士（経営学）

イノベーションを実現する起業家の育成法
──コンピテンシーと起業家教育──

2021年　3月　28日　　第1版第1刷発行

著　者　　　河　野　良　治
©2021 Ryoji Kouno

発行者　　　高　橋　考

発行所　　　三　和　書　籍

〒112-0013　東京都文京区音羽2-2-2
　　　　　TEL 03-5395-4630　FAX 03-5395-4632
info@sanwa-co.com
http://www.sanwa-co.com/
印刷／製本　中央精版印刷株式会社

ISBN978-4-86251-422-6　C3037